Im Naturschutzgebiet bei Hörsten.

*Heimat*ARCHIV

Wilhelm und Walter Marquardt

NEE SAGEN, MÄÄRKENS UN VERTELLEN
UT DEN KREIS HORBORG UN ÜMTO

NEUE SAGEN, MÄRCHEN UND ANEKDOTEN AUS

DEM KREIS HARBURG UND SEINEM UMFELD

SUTTON VERLAG

Sutton Verlag GmbH
Hochheimer Straße 59
99094 Erfurt
http//:www.suttonverlag.de
Copyright © Sutton Verlag, 2009

ISBN 978-3-86680-500-2

Gestaltung: Markus Drapatz

Druck: Druckhaus "Thomas Müntzer" | Bad Langensalza

Inhaltsverzeichnis

I. **Wöör vörweg**   7
   Vorwort des Autors   9

II. **Twintig Sagen, Määrkens un Vertellen**   11
   ut den Kreis Horborg un ümto
   Zwanzig Sagen, Märchen und Geschichten
   aus dem Kreis Harburg und seinem Umfeld

   1. Bruut un Liek – baven op'n Diek   11
      Braut und Leichenwagen dürfen auf den Deich   13
   2. Dat Peerd in de Elv bi Flegenbarg   15
      Das Pferd in der Elbe bei Fliegenberg   17
   3. Dat Spinnrad von Will   19
      Das Spinnrad von Welle   22
   4. De Arsdörper Singborns   24
      Die Ardestorfer Singbrunnen   28
   5. De Delmer Scheper un de Landraat   31
      Der Schäfer auf dem Delm und der Landrat   34
   6. Dat Määrken von de gullen Weeg in de Haak   36
      Das Märchen von der goldenen Wiege in der Haake   41
   7. Hasenjäger un Düvel   44
      Die Hasenjäger und der Teufel   47
   8. Ik bün al hier   49
      Ich bin schon hier   55
   9. Jäger Matten ut Bookholt   59
      Jäger Matten aus Buchholz   63
   10. Karkenslaap   65
       Kirchenschlaf   67
   11. Wat de Musbörger mit'n Litbarg bi Sounsiek   69
       to doon hebbt
       Was die Moisburger mit dem Litberg bei Sauensiek   73
       zu tun haben

12. Ostara un de Hungerpohl in Unnel 77
    Ostara und die Hungerquelle in Undeloh *80*
13. Riesen maakt Dummtüüch oder: 83
    Woans de Seev to'n nee Well kamen is
    Riesen treiben Unfug oder: *88*
    Wie die Seeve zu einer neuen Quelle kam
14. Schepers Mallör an'n Wesenbarg bi Vosshuusen 92
    Schäfers Unglück am Wesenberg bei Vosshusen *94*
    (Neu Wulmstorf)
15. Spöök in'n Brook bi Hunnen 97
    Spuk im Hundener Bruch *99*
16. Stammessaag von de Langobarden 101
    Die Stammessage der Langobarden *105*
17. De Likedeeler Claas Störtebeker un Gödeke Michels 107
    Die Likedeeler Klaus Störtebeker und Gödeke Michels *112*
18. Swatte Hund in'n Hoop bi Vohrndörp 117
    Der Schwarze Hund im Hoop bei Vahrendorf *120*
19. De Scheperjung von Wörm 122
    Der Schäferjunge aus Wörme *124*
20. Woans de Snee to sien Klöör kamen is 127
    Wie der Schnee zu seiner Farbe gekommen ist *130*

III. Wat achteran 133
Anhang

Anmerkungen 133
Literaturübersicht 140
Bildnachweis 141
Register der genannten Dörfer und Städte 141

I.
Wöör vörweg

Verleden Johr, in'n Oktober 2008, hett de Sutton Verlag in Erfurt de „Sagen, Määrkens un Vertellen ut den Kreis Horborg un ümto" rutgeven. Ik heff faststellt, dat't richtig ween is, dat Book in twee Spraken to schrieven. De plattdüütsche Spraak is de Originalspraak, in de all de Vertellen över Johrhunnerte wiedergeven worrn sünd. Dat Kloore, Ihrliche un faken uk mol Snaaksche in de plattdüütsch Spraak passt op best to disse Oort von „Regional-Schrievwarks". Ik heff bi veele Bookvörstellungen in Dörper un Städte beleevt, dat de Nafraag na plattdüütsche Vördrääg bannig groot is. Een kann warraftig seggen: Plattdüütsch leevt! Dat Plattdüütsch „in" is, heff ik uk markt, dat ik bi dree Radiosender (NDR Hamburg 90,3, NDR Radio Niedersachsen un Radio ZuSa) in fief verschieden Sendungen inlaad ween bün to'n Vörlesen. Ik dröff bi veele Heimatvereens un Klönkrings to Gast ween un heff mi freit, dat't in ierste Reeg dorüm güng, de Sagen, Määrkens un Vertellen op Platt to hören.

Nu veröffentlicht de Sutton Verlag 'n tweeten Band, uk wedder mit 17 Vertellen ut'n Nalass von mien Vadder Wilhelm Marquardt. De Määrken „Ik bin al hier" (Nr. 8) un de Vertellen „Wat de Musbörger mit'n Litbarg bi Sounsiek to doon hebbt" (Nr. 11) un „Woans de Snee to sien Klöör kamen is" (Nr. 20) sünd nich ut de Böken von mien Vadder (1).

Man 'n Ünnerscheed to'n iersten Band is doch to vermellen. De Sagen, Määrkens un Vertellen sünd meist alltohoop länger worrn un ik heff dat Översetten in't Hoochdüütsche körter maakt. De Erfohrung von'n iersten Band heff ik dormit opnahmen, üm dat Intresse an plattdüütsche, regionale Literatur natokamen. Ik heff uk in dissen Band dat Rechtschrieven wedder stramm na dat Wöörbook „Der neue Sass" sett. Dat heff ik in't Intresse von'n good Lesborkeit uk denn so maakt, wenn mien eegen Platt von Tohuus anners snackt ward. Uk in dissen Tosomenhang heff ik Trüchmellen kregen, dat veele Leser von't ierste Book dankbor ween sünd, dat dit Platt na „Sass" good to lesen weer. Ik müch bi de Gelegenheit op den plattdüütschen Dichter Johann

Diedrich Bellmann henwiesen (kiek mol in de Literaturlist!), de na mien Meenen veel dorför över harr, dat plattdüütsch Schrieven sik na bestimmte Regeln utrichten schull – in't Intresse von't Överleven von disse Spraak.

Wenn de Leser mehr över dat Herkommen von de Sagen un Määrkens weten will un uk wat mehr över den Heimatforscher Wilhelm Marquardt in Erfohrung bringen will, denn schull een in'n iersten Band kieken, wo allns goot natolesen is.

Dank von Harten möch ik den Sutton Verlag in Erfurt un vör allen Dingen uk mien Lektorin Fro Arlett Günther seggen, dat se dat „plattdüütsch Aventüer" nu noch mol angahn wüllt. Op disse Oort kummt de Spraak von de Noorddüütschen, de för ehr Bestahn in de Tokunft sik düchdig rögen mutt, op Best ünner de Lüüd.

Besünners müch ik mi bi mien Fro Annemarie bedanken, dat se mit veel Leev un Inverstahn bi mien Liedenschap för de plattdüütsche Saak dorbi is.

Buxthu-Imbeek, in'n Juni 2009
Walter Marquardt

Vorwort

Im Oktober 2008 erschienen die „Sagen, Märchen und Anekdoten aus dem Kreis Harburg und seinem Umfeld" im Erfurter Sutton Verlag in zweisprachiger Fassung. Nach den Erfahrungen, die ich inzwischen in einem doch recht kurzen Zeitraum sammeln konnte, war es eine richtige Entscheidung, die Sagen, Märchen und Geschichten auch in jener Sprache zu veröffentlichen, in der sie möglicherweise über Jahrhunderte von Generation zu Generation weitergereicht wurden. Die Plattdeutsche Sprache ist in ihrer urwüchsigen, oftmals sehr direkten und ungeschminkten Ausdrucksweise gewiss ganz besonders geeignet, diese Art der Regionalliteratur den Menschen nahe zu bringen. Und so ist es auch nicht weiter erstaunlich, dass ich bei den zahlreichen Buchvorstellungen und öffentlichen Auftritten nicht ein einziges Mal gebeten wurde, die Märchen und Sagen in hochdeutscher Sprache vorzutragen. Das Interesse der Norddeutschen an der vermeintlich längst tot gesagten Plattdeutschen Sprache ist so stark wie sehr lange nicht mehr. Das Plattdeutsche erlebt in diesen Jahren eine ungeahnte Renaissance, die auch dem 1. Band der Harburger Sagen und Märchen zu einem guten Erfolg verholfen hat. Drei Radiosender aus Niedersachsen (NDR Niedersachen, Radio ZuSa) und Hamburg (NDR Hamburg 90,3) gaben mir in fünf verschiedenen Sendungen Gelegenheit, auch einem größeren Publikum die Besonderheiten der Sagen- und Märchenwelt aus der Nordheide in plattdeutscher Sprache vorzustellen. In zahlreichen Heimatvereinen und plattdeutschen „Klönkrings" war ich zu Gast und erlebte stets ein stark interessiertes Publikum, dem es tatsächlich in erster Linie Anliegen war, Plattdeutsches vorgetragen zu bekommen.

    Nun können mit diesem 2. Band weitere 17 der von meinem Vater Wilhelm Marquardt (Immenbeck) gesammelten etwa 120 Geschichten aus dem Raum zwischen Niederelbe, Stader Geest, dem Wilseder Berg und der Ilmenau veröffentlicht und damit auch vor dem Vergessen bewahrt werden. Das Märchen „Ich bin schon hier" (Nr. 8) sowie die Geschichten „Was die Moisburger mit dem Litberg bei Sauensiek zu tun haben" und „Wie der Schnee zu seiner Farbe gekommen ist" entstammen nicht den Sagenbüchern meines Vaters (1).

Dieser Band unterscheidet sich dennoch von dem des im Jahr 2008 erschienenen dadurch, dass die einzelnen Geschichten durchweg länger ausfallen und in diesem Band auf die bisher praktizierte wortwörtliche Übersetzung verzichtet wurde.

Die Erfahrungen haben mir recht deutlich vor Augen geführt, dass das Interesse an dem regionalen Kulturgut „Sagen und Märchen" auch wesentlich durch eine Nachfrage nach verständlicher und gewiss auch unterhaltsamer plattdeutscher Literatur gesteuert wird. Verschiedene positive Rückmeldungen haben mich auch bestärkt, die plattdeutschen Texte weiterhin in der Rechtschreibung und Grammatik nach dem Wörterbuch „Der neue Sass" zu verfassen. Bis auf ganz wenige Abweichungen (u. a. die Konjugationen nach dem Hilfsverbs sein) habe ich mich auch dann am „Neuen Sass" orientiert, wenn es meinem gewohnten örtlichen Idiom nicht entsprach. Einem kurzen Essay des plattdeutschen Dichters Johann Diedrich Bellmann (siehe Literaturübersicht) ist meines Erachtens zu entnehmen, dass er einer Normierung der plattdeutschen Schriftsprache sehr wohlwollend gegenüberstand und sie vielleicht befördert hätte, wäre er nicht so früh verstorben.

Im Übrigen möchte ich auf den im Oktober 2008 erschienenen 1. Band verweisen, in welchem detaillierte Angaben zur Herkunft der Sagen und Märchen und Näheres zur Person des Heimatforschers Wilhem Marquardt nachzulesen sind.

Ich danke dem Erfurter Sutton Verlag und meiner Lektorin Frau Arlett Günther für die Bereitschaft, erneut das „plattdeutsche Abenteuer" zu wagen und der im Kern ernsthaft bedrohten Sprache der Norddeutschen im Verlagsprogramm Raum zu geben.

Besonders danken möchte ich meiner Frau Annemarie, die mit sehr viel Verständnis und Interesse meine Leidenschaft für das Plattdeutsche unterstützt.

Buxtehude-Immenbeck, im Juni 2009
Walter Marquardt

II.
Twintig Sagen, Määrkens un Vertellen ut den Kreis Horborg un ümto

Zwanzig Sagen, Märchen und Geschichten aus dem Kreis Harburg und seinem Umfeld

1. Bruut un Liek – baven op'n Diek

Vör veele Johrn müssen de Lüüd ut Hössen un Over in Hittfeld na Kark gahn. Uk de Minschen ut de beiden Dörper, de dootbleven sünd, müssen in Hittfeld op'n Karkhoff bröcht warrn. Wat weer dat bloots för'n wieden Weg, wenn de Minschen fröh an Morgen eerst na Kark hin un achterher wedder to Foot na Huus kamen sünd. Dat weer liek, wat dat koole Winterdaag oder hitte Sommerdaag weern – jümmers harrn de Lüüd dat man recht wiet to lopen. Kann ween, dat de grooten Buurn mit Peerd na Kark fohrt sünd, man de meisten Lüüd, un

Die Seevemündung bei Over.

vör allem uk de jungen Lüüd, de hebbt lopen müsst. De Konfirmandentiet hett de Deerns un Jungs ut Over mennicheen Kilometer an'n Seevdiek längs köst.

Baven op'n Diek geev dat tomeist 'n drögen un kommodigen Weg, man ünnen, an'n Foot von'n Diek, dor weer dat faken natt un smerig to fohren. De Weg weer von de Peerwagens meisttiets so recht toschannen fohrt. Den schöönen Weg baven dröffen de Peerkutschen nich nehmen. De Weg weer in Hössen un Over dörch Slagbööm afsparrt. Bloots bi Hochtieden un bi'n Beerdigung weern de Slagbööm hoch nahmen un de Wagens dröffen baven den Diek kutscheern. So is dat denn to den Snack kamen: „Bloots de Bruut un de Liek – de dröfft baven up'n Diek!"

Faken is fraagt worrn, wat dat to bedüüden harr, dat bloots Bruut un Liek Verlööf harrn, baven den Diek to fohren. De Lüüd harrn fröher veel miehr Avergloven as wi vundaag. In ole Tieden hebbt de Minschen meent, dat weer nich goot, an'n Alldag baven op'n Diek to fohrn un dor jümmers de Nees so hooch to hebben. Dat maakt de Minschen stolt un den stickt jüm gau mol de Habern. So hebbt de Lüüd dat snackt. De Minsch schall sik in Demut öven un ut den

Eine Weide am Seevedeich bei Over.

Die Kirche in Over.

Grund is dat för em beter, wenn he ünnen blifft. Bi'n Hochtiet is dat wat anners! Dor dröffen de Bruutlüüd un de Gäst, de na Kark wullen, dat mol kommodig hebben. Bi'n Beerdigung dröff dat nich passeern, dat sik de Wagen mit de Liek fastfohrt un wenn de Lüüd to den Anlass mol baven güngen, denn weer dat uk eenerlei. De Truurtog harr de Oogen man wieso na ünnen op de Eerd richt.

Nu weet een ja, dat jümmers veel vertellt ward. De Wohrheit is, dat de Diekgrefen uk in ole Tieden al oppasst hebbt, dat de Diek jümmers goot in Schuss weer. De Peerwogens harrn den Diek teemlich tosett, wenn bi jede Tuur von Over na Hittfeld de Wogens den Diekweg nahmen harrn. So hebbt se den Diek veel beter bi Schick holen un dorüm hett't in Over un Hössen heten: Bruut un Liek dröfft baven op'n Diek.

Braut und Leichenwagen dürfen auf den Deich

Als die Menschen aus Hörsten und Over noch in Hittfeld zur Kirche gingen, hatten sie weite Wege zurückzulegen. Ob im Winter oder im Sommer – die meisten Menschen gingen zu Fuß. Lediglich einige reiche

Der Verschiebebahnhof Maschen bei Hörsten.

Bauern konnten sich die Fahrt in der Pferdekutsche leisten. Der Fuß- und Fahrweg oben auf der Deichkrone war wesentlich angenehmer als der am Deichfuß. Aber der Deichkronenweg durfte nicht genutzt werden, da man befürchtete, dass der Deich durch vieles Befahren in Mitleidenschaft gezogen werden würde. Er war in Hörsten und Over durch Schlagbäume abgeriegelt.

Da früher die Menschen mit sehr viel mehr Aberglauben lebten, wurde gesagt, dass es ohnehin nicht gut sei, oben auf dem Deich zu gehen. Es sei besser, unten zu bleiben, das befördere die Demut des Menschen. Lediglich Hochzeitsgesellschaften durften des besonderen Tages wegen den oberen Deichweg benutzen. Gleiches galt für eine Beerdigung. Da die Menschen in ihrer Trauer auf dem Weg zum Friedhof nach Hittfeld dann ja ohnehin zu Boden schauten, liefen sie keine Gefahr, hochnäsig zu werden.

Um der Deichsicherheit willen hieß es in Over und Hörsten: Braut und Leich' – dürfen auf den Deich.

2. Dat Peerd in de Elv bi Fleegenbarg

In'n Noorden von Meckelnborg, op de anner Siet von de Oostsee, dor hett vör lange Tieden 'n König leevt. De harr 'n Söhn, de schull in dat groote Riek eens Daags König warrn. He weer 'n ganz besunners staatschen un tappern Jungkeerl. De harr soveel Kuraasch, dat he meist för nix bang weer. De güng to sien Vadder un beed em, dat he sien Verlööf geven schull för 'n Reis na'n Süden. De Prinz wull mit dree von sien besten Frünnen na Italien rieden, sik in de Wilt ümkieken un de Veer wullen sik uk amenn mol bi den een oder anner Fürsten verdingen. So wullen se denn bi Kass blieven. De König geev jüm den Segen to de Reis und de veer Riederslüüd trecken los.

So sünd's denn uk op'n How, wat op dat Karkenwarder in'n Veerlannen liggen deit, an de Elv kamen. Dat weer jüst 'n sünnschien Fröhjohrsdag in de Blöhtiet. De veer Mannslüüd stünnen mit jümehr Peer an de Elv un röpen över dat Water na den Fährmann von Fleegenbarg. „Fährmann, haal över!" De Lüüd in Fleegenbarg löpen an't Ööver un wunnern sik, dat dor veer Riederslüüd, de utsehn, as wullen se in'n Krieg trecken, na jüm röver wullen. As de Fährmann över de Elv röver weer un fröög, woneem se denn hin wullen, anter de Prinz, dat se uttrocken weern, üm wat in de Wilt to beleven. Se

Elbfischer vor Fliegenberg.

Der ehemalige Fliegenberger Leuchtturm.

wullen na Italien. Von Italien harr de Fährmann al wat höört, man he wüss nich nipp un nau, wo dat woll legen schull. As he jüm mit sien lütten Ewer (2) in twee Tuurn röver bröcht harr, kreeg he sien Deensten öllich betahlt. De Rieders maken sik op'n Weg na Stell un weern denn uk bald achtern Vossbarg ünner de Bööken in'n Bookwedel verswunnen.

Lange Johrn dorna, as dat mol wedder 'n deegt koolen Winter in uns Heimaat weer, keem bi störmen Oostenwind un drieven Snee 'n Riedersmann von Stell de Straat hoch op Fleegenbarg to. Dörch de Rippen von'n olen Zossen kunn een meist dörchblasen un uk de Rieder sehg bannig afwrackt ut. De langen Hoor un dat blaufroren Gesicht geven em 'n jammervull Utsehn. He stünn 'n Wiel an't Ööver un keek sik de tofroren Elv an. Hoge Iesbargen harrn sik op't Water tohoopschaven un dat gnirsch un knarr von dat dicke Ies her, dat een bang warrn kunn. He fraag in dat ierste Huus, wat dat möglich weer, an'n seker Stee över den Stroom to kamen. Nee, menen de Fischerlüüd, de de Elv op Best kennen deen, över dat Ies to lopen güng nu in disse Tiet bi'n besten Willen nich. Se wohrschauen em un wiesen uk op de Dreihkuhlen in dat Elvwater hen (3).

„De Dreihkuhlen kann een nich sehn, de sünd överfroren un mit fien Ies övertrocken!" De Frömde maak en stuur Gesicht.

„Wat büst du för een, dat du bi so'n Weer ünnerwegens büst", fraagen de Lüüd em. „Ik mutt na mien König! De töövt op sien Jung, de tohoop mit mi un twee anner Ridder na Italien rieden weer." Dor wüssen de Fischerlüüd, dat se em mit de dree annern al vör lange Maanden sehn harrn.

„Wo is de Prinz?", wull de Fro weten. „Dood! De is in'n Slacht von de Hunnen doodslaan worrn. Ik alleen gah nu trüch in uns Heimaat un mutt von dat trurig Starven in'n Krieg to Huus vertellen." Mit de Wöör güng he na buten, nehm dat Peerd an'n String un stüer op de Elv to. De Fischer leep achter em her un bölk tegen den Störm: „Laat na, blief trüch! De Elv schuuft dat Ies!" De Rieder weer na all de Aventüer, de he beleevt hatt, vör nix bang, un sett an, mit dat arme Peerd in'n Galopp över't Ies to jachtern. He wull op all dat Wohrschaun nich achtgeven, un störm mit dat swack Peerd op de Elv-Iesbargen to.

Bit op de Mitt von de Elv hebbt de Lüüd Peerd un Rieder bi dat gresig Sneedrieven mit jümehr Oogen noch sehn kunnt. Denn weern se batz verswunnen. In de kloren Nachten in'n Wintermaand, wenn dat Drievies sik sachten den Stroom rünner schuuvt, wenn dat mang de grooten Iesschollen ankt, ramentert un süüfzt, wenn dat gnaastert, knackt un pultert, den höört de Lüüd achtern Diek, wo dat Peerd, wat mit den Ridder afsaapen is, ünner dat Ies brammen deit.

Das Pferd in der Elbe

Einst kam ein schöner und tapferer Königssohn aus einem Reich jenseits der Ostsee an die Elbe bei Kirchwerder in den Vierlanden. Gemeinsam mit seinen drei Kameraden rief er den Fliegenberger Fährmann an, dass er sie mit seinem kleinen Ewer (2) hinüberfahren möchte. Die Menschen am Elbdeich in Fliegenberg waren sehr verwundert, als sie hörten, dass die jungen Männer ganz nach Italien reiten wollten, um die Welt zu erleben.

Ein Rastplatz am Kanal zwischen Fliegenberg und Stelle.

Nach vielen Jahren geschah es, dass in einem bitterkalten Winter bei heftigem Schneetreiben ein Reiter von Stelle her nach Fliegenberg kam. Er wollte trotz des schweren Eisganges über die Elbe, wovon die Menschen ihm entsetzt abrieten. Sie erfuhren schließlich von dem Reiter, dass er der einzige Überlebende des Reitertrupps sei, der vor vielen Jahren hier über die Elbe gekommen sei. Die Menschen erinnerten sich an den Prinzen und erfuhren vom traurigen Los der jungen Männer, die im Krieg gefallen seien. Da er als Überlebender nun unbedingt zurück in die Heimat müsse, würde ihn auch das Treibeis auf der Elbe nicht aufhalten. Trotz aller Warnungen und der Hinweise auf gefährliche Strudel (3) gab er seinem Pferd die Sporen und trieb es über das Eis. Bis zur Flussmitte konnten die Menschen ihn noch im heftigen Schneesturm sehen, dann war er mitsamt Pferd plötzlich verschwunden. Wenn in klaren und eiskalten Winternächten das Treibeis sich den Fluss hinabdrückt, dann stöhnt, ächzt und seufzt es im Fluss. Im lauten Knacken und Poltern des Eises vermuten die Deichbewohner das Stöhnen des ertrunkenen Pferdes.

3. Dat Spinnrad von Will

Dat weer to de Tiet, as Froonslüüd un Deerns meist den ganzen Winter achter't Spinnrad seten. Op'n Flett oder laterhen uk in de Dönzen trocken se Flass un Schnuckenwull meist Dag för Dag op Spulen. In Will leevt dor inst 'n Buersfro, de hett Kathrine heten un se hett ehr Leven jümmers mit veel Arbeid tobröcht. Harr se dat Veeh un ehr Kinner versorgt, dat Eeten kaakt un Flett un Stuven rein fegt, denn kreeg se gau ehr Spinnrad ut de Eck un spinn 'n Spuul vull. Man mutt weten, dat dor keen Fro weer, de dat so goot verstünn, den Faden so fien un jümmers gliek to spinnen as Kathrine dat verstahn hett. De Lüüd harrn sogoor Spooß, ehr bi dat Spinnen totokieken, so flink un akraat güngen Kathrine ehr Finger mit Wull un Spindel to Wark. Un se hett dorbi jümmers veel to vertellen wüsst, wat uk de Kinner to geern harrn.

Man wat geev dat doch, wo de Lüüd in Will an de Buersfro wat uttosetten harrn. De Oolsch kunn dat Spinnen uk an'n Sünndagmorgen nich laten, wenn dat Tiet weer, na Kark to gahn. To de Tiet hebbt de Lüüd ut Will na Töst na Kark höört (4).

Een weet jo, dat't von Will na Töst 'n wieden Weg is un sünners winterdags kunn de uk mol bannig swoor ween. Wenn bi Kamperlien oder Knick de Snee so hoch tohoopenweiht weer, dat Peer dat kuum schaffen kunnen, denn hett mennich Fro ut Will an Kathrine dinken müsst, de nu in ehr warm Dönz achter dat Spinnrad seten dee. Bloots an'n Wiehnachten un to'n Beeddag is se mit na Kark gahn. Man de Pastuur weer dat nich tofreden un hett ehr faken mol vermahnt.

As Kathrine in't hooge Öller dootbleven weer, hebbt se ehr in Töst op'n Karkhoff daalleggt. Dat Spinnrad stünn de iersten poor Daag noch in de Dönz, man de jungen Lüüd hebbt jümmers an de dode Mudder dinken müsst un weern truurig dorbi, wenn se dat Spinnrad ankieken deen. To hebbt se dat Spinnrad baven op'n Böön bröcht. Dat hett nich lang duert, man blots so'n poor Weken na de Dodenfier, to höör ehr Söhn, de nu as Jungbuer op'n Hoff wirtschaften dee, an een Ovend bannig frömd Töön in'n Huus. He wüss eerst nich, wat dat ween kunn un hett meent, dat de Störm, de buten üm de Hoffecken huul un in de Bööm togangen weer, in't Strohdack 'n Lock reten

Die Tostedter Johanneskirche vom Menkenplatz aus betrachtet.

harr. He stieg op de Böönledder, kladder övern Hauhümpel un sehg miteens dat Spinnrad von sien Mudder, wat sik as dull dreiht hett. Schull de Wind nu doch 'n Lock reten hebben? Man he kunn keen Lock finnen un steeg wedder daal.

Dree Daag later passeer dat sülve. Wedder kemen Töön von'n Böön un wedder weer dat Spinnrad bi'n Dreihn un surr, as seet Mudder Kathrine dor achter. Nu weer den jungen Buurn dat spökig un he fraag de Naverslüüd, wat he woll maken schull. Dor hebbt's em seggt, he schull na Töst fohrn un op dat Graff von sien Mudder 'n Krüüz ut Moos leggen. Dat Moos schull he tovör von'n Huusdack afsammeln, dor achterher Schnuckenwull rümwickeln un dorvon denn dat Krüüz leggen. Man se hebbt em vermahnt, keen Woort mit anner Lüüd doröver to snacken un sünners de Küster un de Pastuur in Töst dröffen dat nich to weten kregen. So ist's denn uk aflopen. Von'n sülven Dag an hett sik dat Spinnrad nich miehr dreiht. Twars hett ool Kathrine

Die Windmühle Kampen bei Tostedt.

Der Freudenthalstein in Welle.

ehr Spinnrad noch mennich Johr op'n Bön stahn, dat is amenn avers man doch von de Hultwörm to Mehl maakt worrn.

Das Spinnrad von Welle

In früheren Zeiten saßen Frauen und Mädchen zur Winterzeit nahezu täglich beim Spinnen. So war es auch in Welle, wo eine alte Frau Kathrine unermüdlich an ihrem Spinnrad saß und es fast wie besessen mit großem Geschick verstand, einen glatten und gleichmäßigen Faden zu spinnen. Die Menschen im Dorf hatten sie recht gern, verübelten es Kathrine aber doch, dass sie selbst am Sonntagmorgen das Spinnen nicht lassen konnte. Statt mit den anderen nach Tostedt zur Kirche zu gehen (4), gab sie sich ihrer Spinnleidenschaft hin. Lediglich Weihnachten und am Bußtag ging sie mit.

Smetshoff in Welle ist ein echtes Wahrzeichen des Dorfes.

Als sie hochbetagt starb, wurde sie in Tostedt begraben. Ihr Spinnrad, das zunächst noch am alten Platz im Hause verblieben war, erinnerte ihre Familie aber doch zu sehr an die Verstorbene und daher brachte man das Arbeitsgerät auf den Hausboden. Nach einigen Wochen, als draußen ein heftiger Sturm tobte, hörte der jetzt auf dem Hof wirtschaftende Sohn merkwürdige Töne im Haus. Er ging den Geräuschen nach und sah auf dem Hausboden das Spinnrad seiner Mutter, das sich wie rasend drehte. Er glaubte zunächst, dass der Sturm ein Loch in das Strohdach gerissen hätte, konnte aber derlei nicht entdecken.

Als drei Tage später die gleiche Geschichte passierte, wurde es den jungen Leuten im Hause unheimlich. Sie befragten die Nachbarn, was wohl zu tun sei. Die gaben den Rat, Moos vom Hausdach abzusammeln und dieses mit Heidschnuckenwolle zu umwickeln. Daraus sollten sie anschließend ein Kreuz basteln und selbiges auf dem Tostedter Friedhof auf das Grab der Mutter legen. Als das geschehen war, hat sich das Spinnrad in Welle vom selben Tage an nicht mehr gedreht.

4. De Arsdörper Singborns

In de Fildmark von Arsdörp hett dat fröher 'n poor deepe Borns (5) geven, ut de, wenn miteens dat Weer ümslagen dee, wunnerbor fiene Stimmen to hören weern. Dat is jümmers denn passeert, wenn'n scharpen Störm optrecken dee. Lüüd, de dit Singen faken mol hört hebbt, de harrn meent, dat hört sik an, as wenn ünnen in de Deep op 'n fien Vigelien ut Glas speelt worrn weer. Ganz fiene Töön weern in de Borns to hören. Je nööger dat Störmbrusen kamen dee, je starker un duller süng dat in de Deep. Över disse Borns hebbt sik de Minschen in't Karkspeel Ilsdörp jümmers wat Wunnerlichs vertellt.

Dat is al veele hunnert Johr her, dor hebbt in Arsdörp op dree Hööf dree smucke Deerns leevt. De harrn as lütt Deerns tohoop speelt, weern tosamen na School gahn, hebbt in Ilsdörp den Katechismus lehrt un weern natürlich uk tohoop kunfemeert worrn. De Deerns sünd meist sowat as'n Kleeblatt ween. De een see smucker un leevlicher ut as de anner. De jungen Keerls weern sik gornich eenig, keen von de dree nu de Smuckste weer. Se hebbt dat Spinnen un Weven op Best verstahn, un uk bi anner Arbeiden op de Hööf, in'n Kohlgoarn un op'n Fellen, wüssen se sik goot antostellen.

Ardestorf

As se nu in dat Öller ween sünd, wo de Jungkeerls sik na smucke Deerns ümtokieken pleegt, hebbt sik uk in Arsdörp faken welk infunnen. Oh, jo! Dat harr sik in de Dörper ümto von Musborg bit Fischbeek un von Hulnst bit Eindörp rümsnackt, wat dor för fiene Deerns in Arsdörp wahnen deen.

Man de Deerns wüssen al lang, welk Jungkeerls se lieden müchen. De harrn se al in de Konfermandenstünn in Ilsdörp kennenlehrt. Dat weern dree Jungs ut Fischbeek (6), all grootwussen Flassköpp, de jümmers goot toweeg weern un bi de dat uk faken wat to lachen geev. De söss weern denn uk af un an bi'n Danzen to sehn un se seten in de Sommertiet Hand in Hand op de hülten Bank ünner den grooten Linnenboom merden in Arsdörp. Dat helle Lachen von de Deerns klüng denn jümmers över'n Dörpsdiek bit op de Schüündeel von de Hööf.

As de jungen Lüüd sik eens Daags in Maimaand eenig weern, dat se heiraden wulln un jedeen von jüm dat grote Glück funnen harr, snacken se ünnernanner af, dat't in Arsdörp 'n grote Hochtiet geven schull mit dree Poor Bruetlüüd. De Jungs sünd mit'n Pastuurn gau eenig worrn, dat he inverstahn weer, an een Dag dree Bruutporen sien Segen to geven. An'n neegsten Sünndag na de Kark wullen de jungen Keerls de Öllern von de Deerns in Arsdörp opsöken. De jungen Lüüd harrn uk afmaakt, dat se to de sülve Tiet de Öllern fraagen wullen. De Olen harrn al lang markt, dat dor wat in'n Busch weer. De dree Fischbeeker hebbt dat op jümehr fründlich Oort bi de Öllern trechkregen un de Buerslüüd weern inverstahn. De Hochtiet schull för jüm all in November ween, na de Oarnt. Denn harrn se Tied för dat groot Fest. Op een von de Hööf wulln se de Deel fein trechmaken un dor mit't ganze Dörp fiern.

In dat sülvige Johr rööp de Hartog in'n Sommer all de jungen Mannslüüd na'n Kriegsdeenst. De Fiend stünn an de Grenz un weer to'n Infall praat. Den Hartog sien Lüüd weern as Baden mit de Peer in de Dörper ünnerwegens un geven den Befehl ut, gau na de Residenz to kamen. As de Baden disse Künn in de Dörper bröcht harrn, geev dat groot Klagen. Uk de dree Brögams ut Fischbek müssen sik mellen. Man se wiesen Kuraasch, seen ehr sööten Deerns Adjüß un maaken sik op'n Weg na Celle. Wieldat de Dree von groote Hööf

Jungvieh auf einer Ardestorfer Weide.

afstammen, müss jedeen von jüm uk 'n Peerd mitbringen. So rieden se denn los. Op de een Siet weern se woll 'n beten bang för all dat Frömde, wat op jüm luern dee un uk de Affscheed von de Deerns weer man nich enfach. Ok dat se merden in de Hauoarnt von'n Hoff müssen, dee jüm nich recht passen. Op de anner Siet weern se je man uk keen Bangbüxen un frein sik dorop, den Fiend Lex to wiesen un em mol so öllich wat för de Snuut to haun. Mit jümehr Bruten harrn se affmaakt, sik to mellen wenn't man jichens güng.

Nu güng een Week na de anner in't Land un een Maand na'n annern keem. De Deerns hebbt jümmers un jümmers wedder op'n Levensteken von de Leevsten luert. De Brögams harrn bi'n Affscheed doch fast tosegt, dat se wat von jüm hören laten wulln! Worüm mellen se sik aver nich? De Öllern trösten de Deerns, un hebbt jümmers wedder seggt, dat de Krieg wiet, wiet weg weer un de Suldoten nich so gau 'n Naaricht na to Huus kregen kunnen. Avers de Deerns weern man doch deeptrurig un hebbt sik uk sülvens keen Troost geven kunnt. Se harrn bannig Hartpien, un dat weer grötter un grötter, je nöger de Hochtiedsdag keem, den se doch al in'n Maimaand fastleggt harn.

As de Hochtiedsmorrn nu dor weer un nich een von de Brögams sik mellt harr, geef dat nich bloots op de Hööf in Arsdörp groote Truer. Uk in Fischbeek weern de Lüüd still un sinnieren över den grimmen Krieg un dat Unglück för de Öllern von de jungen Bruutlüüd. An den sülvigen Dag, as de Hochtiet fiert warrn schull, weer an'n Namiddag to Kaffetiet 'n dullen Wind ut Westen opkamen, de an'n Avend to'n grusen Störm anwussen weer. De dicksten Telgens von de Eeken weern von'n Störmwind hin un her schüddelt un de Twiegen von de Bööm kloppen gegen de Finsterruten von de Dönzen. Mennich Boom, de keen Halt mehr funnen hett, weer mit Wötteln rutreeten un güng to Bodden.

Disse Harvststörm maaken de Lüüd bang un in dat Suusen, Bruusen un Huulen reep de Dodenvagel sien heesch „Kui mit, Kui mit!" (7). De dree Deerns ut Arsdörp harrn sik tohoop in'n Deernskamer sett. Alleen kunnen se de Truer nich utholen. Se snacken keen Woort, harrn sik bi de Hannen faat un weern mit ehr Gedanken bi de dree Brögams. Dor stünn de een miteens op un güng bi Regen un Störm na buten un leep op'n Weg na Graugen (8) ut dat Dörp rut. Dat duer nich lang, güng uk de Tweete achterher. As de beiden na en Wiel nich trüch kamen sünd, is uk de Drütte opletzt losgahn.

Annern Morgen stellen de Lüüd op de dree Arsdörper Hööf fast, dat de Deerns nich in'n Huus weern. De Buerslüüd hebbt de Knechtens losschickt, jüm in't Dörp to söken. Man bloots de Störm geev Antwurt op dat Ropen von de Mannslüüd. All dat Söken weer vergevens. Een von de Buernjungs is mit 'n Peerd över Ilsdörp na Fischbeek jaagd, een na Ketzendörp un Knechten sünd na de annern Dörper ümto reden. Keeneen harr wat von de dree Deerns sehn, keeneen harr wat höört oder överhaupt 'n Vörstellung, wo de dree afbleven weern.

As in dat tokamen Johr in'n Harvst wedder mol en gresigen Störmwind över de Vilsenheid (9) anbruust keem, is jüst een von de Knechten dorbi togangen ween, Water för de Peer ut'n Soot op'n Fellen an'n Weg na Graugen to holen. Dor töön em von ünnen her 'n wunnerbor Singen towedder. Na dat Singen hett he luustern müsst, wat he dat wull oder nich. Man denn lööp em dat kold över de Rüch, un he schees mit beid Ammers na'n annern Soot, de nich wied af op 'n Weid weer. Uk in den hett dat ünnen in de düüster Deep sünnerbor sungen. De Knecht avers wull un wull dit Singen, wat em verjagd hett, nich hören un he lööp na'n drütten Soot, de an'n Weg legen hett un to'n Naverhoff tohöört hett. Uk hier hett sik dat sülve afspeelt, wat he al bi de iersten beiden beleevt harr.

Toierst müch de Knecht gor nich vertellen, wat he an düssen störmschen Harvstdag beleevt harr. He weer bang, dat de Lüüd em utlachen un för een holen deen, de dat tweete Gesicht (10) harr. Bi'n Oarntbeer (11), as he dree oder veer duppelte Kööm weg harr, hett he man doch dorvon snackt. Junge Lüüd, de veel Kuraasch harrn un düchdig neschierig weern, hebbt sik bi Störmweer heemlich na de Sööt sliekt un luustert, wat dat dor in de Deep sungen un klungen hett. Uk de hebbt dat höört. Water hebbt de Lüüd von de Tiet an nich miehr ut de Borns holt. So ist 't denn uk kamen, dat de Sööt oplezt keen Water miehr harrn un toschütt worrn sünd. Vundaag weet keeneen miehr, wo de dree Arsdörper Singborns legen hebbt.

Die Ardestorfer Singbrunnen

In der Ardestorfer Feldmark gab es früher einige tiefe Brunnen (5), aus denen bei heftigem Wetterumschwung wunderbar feine Stimmen zu hören waren. Wer das Singen je gehört hatte, glaubte ein Geigenspiel auf feinen Glassaiten gehört zu haben. Über diese Brunnen haben sich die Menschen im Kirchspiel Elstorf Wunderliches erzählt.

Vor vielen hundert Jahren lebten in Ardestorf auf drei verschiedenen Bauernhöfen drei Mädchen, die als Nachbarinnen gemeinsam groß geworden waren, miteinander gespielt hatten und auch in Elstorf zur Schule gegangen und konfirmiert worden waren. Es waren drei wunderschöne Mädchen, obendrein auch fleißig und bei der Arbeit sehr anstellig.

Als die Mädchen in das Alter gekommen waren, in dem sie auch für die jungen Männer sehr interessant wurden, stellten sich in Ardestorf zahlreiche Freier aus den umliegenden Ortschaften ein. Die Mädchen aber hatten sich längst für drei Blondschöpfe aus Fischbek (6) entschieden, die sie aus der gemeinsamen Konfirmandenzeit kannten. Die drei Burschen waren fröhlich und oft klang das Lachen der Mädchen über den Ardestorfer Dorfteich bis auf die Dielen der Höfe hinüber. Irgendwann hatte nun die jungen Leute Gewissheit, welche bzw. welchen sie heiraten wollten und verabredeten, eine gemeinsame große Hochzeitsfeier mit drei Brautpaaren auszurichten. Heimlich weihten die drei jungen Männer den Pastor ein, der bereit war, zu gleicher Zeit drei Paare zu trauen. Danach zeigten sich auch die Eltern der jungen Leute rasch einverstanden mit der Wahl ihrer Kinder. Um Jahr und Tag wurde für den November, nachdem die Ernte eingefahren war, die große Bauernhochzeit vereinbart.

Bald danach rief der Herzog alle jungen Männer zum Kriegsdienst. Melder zogen durch die Dörfer und riefen zum Heerlager nach Celle. Auch die drei Fischbeker mussten losziehen und trösteten ihre Bräute damit, dass sie baldigst wieder nach Hause zurückkehren wollten. Sie waren einerseits sicherlich nicht besonders begeistert vom in Aussicht stehenden Abschied, andererseits wollten sie aber dem Land ihr Bestes geben und den Feind rasch besiegen.

Wochen und Monate vergingen, ohne dass auch nur die Spur eines Lebenszeichens der drei Fischbeker nach Ardestorf drang. Die Mäd-

Blick auf Ardestorf.

chen wurden immer stiller und trotz vieler guter Worte der Eltern waren sie schließlich untröstlich.

Als der Hochzeitstermin endlich da war und die drei Bräutigame sich immer noch nicht gemeldet hatten, zog in Ardestorf und Fischbek große Trauer ein. Am selbigen Tag, als die trauernden Mädchen sich gemeinsam in eine Mädchenkammer zurückgezogen hatten, brach ein ungewöhnlich wütender Herbststurm mit Orkanstärke los. Den Menschen wurde bei dem schrecklichen Getöse bang und sie hörten obendrein den heiseren Ruf des unter dem Dach sitzenden Totenvogels (7). Dessen „Kui mit! Kui mit!" hörten auch die jungen Bräute. Eines der Mädchen stand plötzlich auf und ging bei Regen und Sturm auf den Weg nach Grauen (8) hinaus. Bald folgte ihr das zweite Mädchen und nach einer Weile auch die Dritte.

Am nächsten Morgen stellten die Bewohner auf den drei Höfen fest, dass die Mädchen nicht zu Hause waren. Es wurden Männer ausgesandt, die drei zu suchen. Doch alles Rufen und Suchen, auch in den Nachbardörfern bis Fischbek hin, war vergebens. Niemand hatte eine Vorstellung davon, wo die drei abgeblieben sein könnten.

Als ein weiteres Jahr vergangen war und wieder einmal ein kräftiger Sturm von der Vilsenheide (9) her blies, war ein Ardestorfer Knecht an einem Brunnen in der Feldmark dabei, den Pferden Wasser zu schöpfen. Aus der Tiefe des Brunnens hörte er ein wundersames Singen und Klingen. Es schauderte ihn und er lief rasch fort zu einem anderen Brunnen, der sich ganz in der Nähe befand. Hier hörte er ebenfalls das zarte Singen und auch an einem dritten Brunnen konnte er das gleiche erleben. Nach seinem großen Erschrecken hat er erst viel später von seinen Erlebnissen berichtet. Er hatte Angst vor dem Reden der Leute, die ihm womöglich nachsagen würden, er würde Unheil herbeireden und mit Wesen aus dem Jenseits Verbindung haben (10). Aber schließlich hat er bei einem Erntefest (11), nachdem er reichlich Alkohol getrunken hatte, doch von seinem Erlebnis erzählt. Mutige junge Leute gingen bei Sturmwetter ebenfalls hinaus zu den drei Brunnen und hörten die seltsamen Melodien. Nun mochte niemand mehr Wasser aus diesen Brunnen schöpfen, die dann in der Folge trocken fielen und schließlich zugeschüttet wurden. Heute weiß niemand mehr, wo die drei Singbrunnen wohl gelegen haben könnten.

5. De Delmer Scheper un de Landraat

In de Tiet, as Düütschland wedder 'n Kaiser kregen harr, leevd op'n Delm (12) 'n Scheper, de bit över beid Uhrn vull mit Kneep seten hett. De Lüüd müchen em geern lieden, man 'n iernsthaft Woort kunn een mit em nich snacken – överall geev he sien Semp dorto. Un dat weer uk nich jümmers dat Klöökste! Mit'n wohre Lust un Freid vermengeleer he sik allerwärts twüschen, Hauptsaak, he harr wat to quasseln oder to quesen. De Lüüd von Delm, de kennen em un wüssen em op rechte Oort to nehmen. Ok de Pastuur un de Schoolmester harrn sik doran gewöhnt, dat he to jedeen „du" seggen dee. Dat kenn he op Plattdüütsch nich anners un he meen, dat de Hoochdüütschen nix beters weern.

Eens Daags weer de noch junge Landraat ut Stood op'n Weg na Beekdörp, wo he mit'n Buermester wat to besnacken un to verhanneln harr. He weer mit de Kutsch ünnerwegens un keem bitiden op'n Delm dörch Opens. Na Beekdörp weern dat man bloots noch dree Kilometer un so harr he Tiet, in'n Delmer Hoff noch 'n Köppen (13) Kaffe to drinken.

Der Beekhof in Beckdorf bei Apensen.

Dat dreep sik nu so, dat dor jüst uk de Delmer Scheper seet un dat „Wochenblatt" ut Buxthu lesen dee. Mit'n fründlich „Goden Dag" güng de Landraat sitten un töövt op de Weertsfro, dat he sien Kaffe bestellen kunn. De Scheper plier bloots so'n lütt beten över dat Buxthüder Blatt röver un brummel „Dag!" trüch. As de Krögersche na'n Tiet den Landraat 'n Köppen Kaffe op'n Disch stellt harr, nehm de Landraat 'n deegten Sluck, stell den Köppen trüch un meen halfluut to sik sülbst: „Dor harr ik man wat anners bestellen schullt, de Kaffe smeckt nich na em un nich na ehr." „Wat seggst du dor?", fraag de Scheper trüch. „Ik meen, dat de Kaffe in Stood (14) beter smecken deit", geev de Landraat trüch. „Tja, mien Jung, dat mag woll angahn. Aver wat harrst du di denn bestellt?" „Kaffe heff ik bestellt!" „Tje, nu, un woneem smeckt disse denn na?" De Landraat harr bilütten Spooß an dat Ünnerholen mit sien Dischnaver. Un so meen he denn uk spooßwies: „De smeckt na Petroleum". „Süh, mien Jung, denn weet ik uk Bescheed. Kiek, dat's man licht to verstahn. Wenn de Kaffe na Peterleum smecken deit, denn is dat Tee! Un wenn dor Tappentien (15) dörchsmeckt, denn is't Kaffe. Man dat liggt nich an'n Kaffe – oh, jo nich! Dat kummt denn von de Ziguurn (16). Dor is keen annern Kraam mang, dat neih man weg! Bruukst keen Bang för to hebben, dat deit di keen Schaaden." De Landraat wull sik för Lachen meist utschüdden un meen to'n Scheper: „Du büst mi jo 'n ganz verdreihten Keerl, dat du dat so akkraat weten deist!"

Dat weer nu dat Teken för den Scheper – un dat rechte Water op sien Möhl. He harr al lang dörch de Finster buten de staatsche Peerkutsch sehn un sik glieks dacht, dat dor de Landraat utstegen weer. Dissen fienen Herrn ut Stood mol öllich wat to vertellen, dat weer so recht wat för den Delmer Scheper. „Och", see he mit weeke Stimm, „ik müch woll glöven, dat du uk nich jüst een von de Dummsten büst." De Landraat pruust los un lacht över't ganze Gesicht. Je miehr de Landraat sik högen (17) dee, je duller keem de Scheper in Fohrt. To wull de Landraat weten, wat he nu heten dee un wat he amenn villicht de Scheper von'n Delm weer? Oha! Dat dee den Scheper aver gefallen. De Landraat harr al wat von em hööört! Nu bröch he sik recht in Posituur un schuuv dat Blatt an de Siet.

„Mien Jung, du büst wiss een von de Studierten! Pass mol op, ik will di mol wat fragen. In Buxthu, dor hebbt se doch nu allerwegens Schosteens (18). Is di dat bekannt?" „De gifft dat in Stood uk al länger", anter de Landraat. „Süh, wenn du dat weten deist, denn is dat ja goot. Denn kannst du uk mien Fraag beantwurten. Letztdaags heff ik sehn, dat dor twee Keerls baven rut kladdert sünd. De een weer witt un de anner weer swatt. Nu mien Fraag: Keen von de beiden hett sik achterher wuschen, as se wedder nerden weern?" De Landraat weer wiss, dat't mit em nu 'n Spooß geven schull. Un so anter he nich glieks un meen denn na 'n Besinnen: „De Swatte woll?" „Kiek! Dat heff ik mi dacht, dat du dat seggen deist. Nee, dat is falsch! Du musst mol 'n beten nadinken un nich glieks lossnacken!" De Landraat amüseer sik, wull nu aver doch nich för den Scheper as Dösbaddel gellen. „Nee, natürlich de Witte! De müss sik waschen – wegen sien witt Tüüch! De Swatte de weer ja al swatt un kunn geern swatt blieven, aver de Witte, wenn de nu wedder ünner Lüüd keem ... jo, jo! De in dat witte Tüüch, de hett sik wuschen!" „Ach du leeve Tiet! Na, so slecht is't uk wedder nich, wat du di dacht hest. Jedenfalls hest du versöcht, natodenken! Richtig is't aver man liekers nich! Junge,

Die Kirche in Apensen.

Junge, ji Gelehrten, ji Studeerten, ji Verkehrten! Nu segg du mi, wat hebbt ji de ganzen Johrn bloots op de hooge School maakt? Ik seh di dat an dien Nees an, dat du dat nich weten deist! Kiek mol, mien Jung, dat is doch ganz licht! Wenn baven ut'n Schosteen twee Keerls rutkommt, denn sünd de doch beid liekeswatt. Glöövst mi dat? Oder glöövst dat nich? Ja, mit'n beten Nadinken harrst du dat uk sachs rutkregen kunnt!"

De Landraat hau för Vergnögen mit de Fuust op'n Disch över dissen snaakschen Scheper. So'n leegen Snacker harr he in sien ganzen Kreis bitto nich kennt. So'n Oort Lüüd müchen em avers veel Spooß, denn för Döntjes un Spijöök weer de Landraat to hebben. Nu harr he wedder wat Nee's, wat he in Stood in'n Raatskeller bi'n Duppelkoppspeelen de Stadtböbersten vertellen kunn. He rööp na de Krögersche un meen to ehr: „Schinkt Se den Scheper eenen in. Ik geev 'n Duppelten (19) un 'n Kroog Beer för em ut. De Aas hett mi düchdig för'n Narren holen!" He lang na sien Hoot, geev den Scheper de Hand un iel rut na sien Kutsch.

Der Schäfer auf dem Delm und der Landrat

Auf dem Delm (12) lebte noch zu Kaisers Zeiten ein Schäfer, der in der ganzen Gegend als großer Spaßvogel galt. Er war gewohnt, alle Menschen mit „du" anzusprechen, so wie er es auch aus dem Plattdeutschen kannte. Eines Tages saß er im Delmer Hof dem jungen Stader Landrat gegenüber, der sich dort im Wirtshaus einen Kaffee bestellt hatte. Der Landrat ahnte wohl, wer ihm gegenüber saß und legte es geradezu darauf an, mit dem Schäfer ins Gespräch zu kommen. Der Landrat hatte selbst viel Spaß am schnurrigen Erzählen und erhoffte sich daher eine angeregte Unterhaltung mit dem kauzigen Schäfer.

Als der Landrat sich abschätzig über die Qualität des Kaffees äußerte, wollte der Schäfer wissen, wonach der Kaffee denn schmecken würde. Der Landrat gab spaßend zurück: „Nach Petroleum!" Darauf gab der Schäfer folgende Antwort: „Na, wenn der Kaffee nach Petroleum schmeckte, dann ist das Tee. Erst wenn du Terpentien durch-

schmecken kannst, dann ist es Kaffee. Aber das liegt beileibe nicht am Kaffee, sondern vielmehr an der Zichorie (16). Das trink man ruhig, das macht keinen Schaden!" Da der Landrat mit Lachen auf diese ulkigen Reden des Schäfers reagierte, kam der immer mehr in Fahrt. Als der Landrat dann schließlich auch noch fragte, ob er der „Schäfer vom Delm" sei, war für den Schäfer der Bann gebrochen.

„Hör zu mein Junge", sprach er den Landrat an, „du bist doch ein Studierter. Ich möchte mal etwas von dir wissen. Neuerdings gibt es in Buxtehude Schornsteine (18). Unlängst sah ich, dass dort aus einem Schornstein zwei Männer herauskletterten. Der eine war weiß, der andere war schwarz. Wer von beiden hat sich anschließend gewaschen, als die beiden wieder unten waren?" Der Landrat antwortete zögernd: „Der Schwarze wahrscheinlich?" „Siehste!", posaunte der Schäfer los, „das habe ich mir gedacht. Das ist falsch! Du musst nachdenken, bevor du antwortest!" Zwar erheiterte diese Redensart den Landrat, als Dummkopf wollte er aber auch nicht gern dastehen. „Sicherlich war es der weiß gekleidete Mensch. Dessen Zeug soll sicherlich wieder sauber werden. Bei dem Schwarzen war es bestimmt egal, denn der war ja nun schon schwarz." „Na gut", meinte der Schäfer, „zumindest hast du über den Fall nachgedacht. Falsch ist es dennoch! Oh, ihr Gelehrten, ihr Studierten, ihr Verkehrten! Was habt ihr bloß auf euren Schulen gelernt! Schau mal, wenn zwei Männer aus einem und demselben Schornstein herauskommen, dann sind doch beide schwarz! Glaubst du das nun auch? Das hättest du auch selbst herausfinden können!"

Der Landrat schlug sich vor Vergnügen auf die Schenkel, bestellte dem Schäfer ein Bier und einen Doppelkorn, verabschiedete sich und eilte hinaus, seinen Amtsgeschäften beim Bürgermeister in Beckdorf nachzukommen.

6. Dat Määrken von de gullen Weeg in de Haak

De Geschicht von de gullen Weeg in de Haak (20) hebbt sik in olen Tieden de Lüüd in Eißendörp un ümto vertellt. Dor hett inst 'n smucke Buerndeern leevt, de al in junge Johrn an Hartpien un Kummer storven is. De Lüüd in Eißendörp un ümto hebbt dat trurig Loos von de Deern as 'n gresig Unglück ansehn un de Öllern von Harten beduert. Se hebbt ehr to geern lieden mücht, wieldat se fründlich un tovörkamen gegen jedeen weer. Se geev Hölp, wenn jichens Hölp notwennig weer. Wenn een in de Dörper bi Ehsdörp un Eißendörp krank weer, mücht't 'n lütt Kind oder 'n ool Fro ween hebben, so leep de junge Deern dor hen, bröch Eten oder segg de Kranken 'n fründlich Woort.

Man noch lever as de Kinner un Kranken harrn de jungen Keerls de smucke junge Fro. De Jungkeerls sünd ünnernanner man faken bi'n Oarntbeer oder bi'n Faßlam (21) to'n Striet kamen, wieldat jedeen vun jüm toierst mit ehr danzen wull. Se weer de eenzig Dochter von'n Hoff, de jüst op halven Weg twischen Ehsdörp un Eißendörp legen harr, dor, wo dat recht deep in de Haak ringahn dee.

Am Rande Eißendorfs.

Vundaag deen wi den Hoff vergevens in de Haak söken. He is all lang verswunnen. Man de Geschicht von de gullen Weeg ward jümmers noch vertellt.

So smuck un riek nu de jung Buerndochder weer, se weer man uk krüüsch, wat de Mannslüüd angahn dee. Twischen Marmsdörp un Huusbrook, un von Alvsen bit Beekdörp un röver na Sinsdörp weer keeneen dorbi, de ehr passen dee. De Johrn güngen in't Land un de beiden olen Buerslüüd weern bilütten gor nich tofreden mit den Tostand, dat ehr Dochder den rechten nich na Huus bröchen dee.

Eens Daags, dat weer Sommertiet, stüer de Deern, alleen mit 'n Korf ünnern Arm, op'n Reiherbarg to. Se wull Bickbeern plücken. Annern Dag schull't to'n Meddag Pannkoken geven, un in de Bickbeerntiet gifft meist nix beters, as sööte Beern to'n Pannkoken dorto. Miteens knack dat mang de Bööm. Ünner de hogen Böken lach ehr 'n Jungkeerl an. „Kiek an, schöön Deern! So alleen in'n deepen Woold?", fraag he fründlich un grien ehr mit lachen Oogen an. Dat Hart von de jung Fro füng an opgeregt to puckern, ehr sööt Gesicht kreeg bannig Klöör (22).

Dat mutt een von den Hartog (23) sien Lüüd ween, schööt ehr dörch 'n Kopp. Wat 'n staatschen Keerl in sien gröön Büx un Jack! Dat Waldhoorn harr he över de Schuller, ut de Jägerdasch keek dat Fell von'n Has rut. „Wat verjaagst mi so?", geef se trüch, keek em avers man uk mit fründlich Ogen an. „Nee, nee! Du büst op mi tokamen, Deern! Ik heff dor ünner de Bökenwrien (24) al 'n tietlang seten un op'n Wildbratt luert". Wat harr he för'n weekwarm Stimm! „Willst di nich 'n beten von mi helpen laten?", füng de Jäger wedder dat Snacken an. „Nee, laat man. Ik heff uk noog plückt, mutt flink na Huus, mien Mudder töövt al." „Wo heest du, Deern? Wo kummst du her?", fröög de jung Burß. De Deern geev kort Antwoort, neem den Korf, dreih sik üm, un güng stracks in de Richt op Eißendörp to. „Kumm mol wedder! Müch di geern mol wedder sehn!", rööp de Jägersmann ehr na.

Von dissen Dag an harr se bloots noch Gedanken för den smucken Jäger. Vadder un Mudder seen nix, föhlen aver man doch, dat dor mit jümehr Dochter wat nich stimmen dee. Twee Daag laater neem se sik wedder ehrn Korf, reep man bloots in de Köök rin, dat se

Im Staatsforst Eißendorf.

noch'n Korf Bickbeern plücken wull un weer gau weg, dat Muddern ehr man jo nich mit wat anners von ehr Lengen afhollen dee. Mit Ungedühr un bevern Hartkloppen stüer se na Noorden in'n Woold rin. Warraftig, bald sehg se in de Neeg von'n Reiherbarg den Jägersmann an 'n Böök stahn.

Wat harr he vandaag aver för vörnehm Kledaasch an? So'n fien Rock un Schohwark harr se ehr Leevdag noch nich sehn. Disse Jungkeerl weer nu de ierste in ehr Leven, an den se rein gor nix uttosetten harr. Den müch se lieden! As he ehr twee Stünnen later bit an de Kant von de Haak bröcht harr, wo de Hoff al to sehn weer, pucker ehr Hart as 'n Boomhacker (25) bi 'n Löcker kloppen. Dree Daag later galoppeer 'n Ridder mit twee anner Riederslüüd op'n Hoff. In'n grooten Glanz weern de Dree rutputzt. Fedderbüsch hingen von jümehr stolte Kappen, blenkern Säbel un Daschen von'n allerbest Ledder legen achter jüm op de Rüch von de Peer. Wat'n Oploop op'n Hoff! De Buerslüüd, Knechten un Deerns keemen anlopen, üm sik de fienen Lüüd antokieken. De Ridder weer miteens von't Peerd sprungen, neem de Deern bi de Hand un güng vör den Buern un sien Fro op de Knee. „Ji leeven Lüüd, ik bidd jo, geevt mi jon Dochter to Fro. Ik will jo 'n flietigen un goden Söhn ween!" Dat reep he mit starke Stimm so luut, dat jedeen op'n Hoff dat hören un achterher uk hett betüügen kunnt.

De Öllern hebbt sik nich anners to helpen wüsst, as noch an'n sülvigen Dag ehrn Segen to geven, dat in Johr un Dag Hochtiet fiert warrn schull. Jüst so as ehr Deern sünd uk de beiden Olen fix dörch'nanner ween un hebbt nich na dat Woher un Wohin von'n Ridder fraagt.

De Brögam harr sien Bruut verspraken, dat se, wenn se mol Mudder warrn schull, ehr Kind in 'n gullen Weeg leggen kunn. Wat schull dat heten? Se schull 'n gullen Weeg von em hebben? Dat duer söben Weeken, dat de Ridder sik wedder op'n Hoff sehn laten hett. De Olen harrn keen goot Geföhl, as he op sien swatten Hingst in scharpen Galopp op'n Hoff störmen dee. So güng dat 'n stoot lang wieder. De Ridder keem op sien Hingst anstörmt, un wenn he den annern Dag, bitieden uk denn sülven Dag, wedder afbrusen dee, denn weer nich bloots de Deern dörchnanner un deeptrurig. De Vadder wahrschau eens Dags sien Deern. „Dat geiht nich, dat du so gornich wat von em weeten deist. Wat is dat för een? Hollt he di amenn för'n Narren?" Man de junge Bruut wull sowat nich hören, leep deep in de Haak un keem ierst avends in Schummern wedder trüch.

So güng dat över dat Bruutjohr hen. Na de Oarnt schull de Hochtiet ween. Al den ganzen Harvst harr de Ridder nix von sik sehn un hören laten. De junge Bruut güng nich mehr ut'n Huus, süng keen Leed miehr un ehr sööte Ogen harrn miehr Traanen as de Öllern dat utholen kunnen. Schull de Kössenbidder (26) de anner Week överhaupt losgahn?

De Buerslüüd weern de Meenen, dat de Ridder to'n Hoff von'n Hartog in Horborg hören dee. Dor schick de Buer eens Daags sien Grootknecht (27) hin. As he von't Slott trüch weer, kunn he nich miehr vertellen, as dat he an't Slottdoor de Utkunft kregen harr, dat dor bi jüm de Ridder nich bekannt weer. De Grootknecht hett't nich glöven wullt un hett von den Ridder sien swatten Hingst vertellt, von sien stolt Utsehn un uk von de beiden annern Jägerslüüd vergeet he nich to vertellen. De Wach an't Slott hett em wat utlacht un achterna wegjaagd. De Buerslüüd weern as vör'n Kopp slaan! Wat weer dat bloots för'n Unglück för jüm alltohoop!

An'n Morgen, as de Kössenbidder Bescheed seggt warrn schull, dat he sien Gang dörch dat Dörp nich maken schull, fünn de Buer vör de Blangendöör (28) 'n gullen Weeg. Em verslöög dat de Spraak! Wat schull dat bedüüden? Weer dat'n Spooß? Wull 'n Burß ut'n Dörp Spijöök mit sien Dochter drieven? Man dat kunn nich ween – de Weeg weer ut rein un schier Guld! As de Deern de gullen Weeg sehn hett, schreeg se luuthals op, verleer den Verstand un sack op'n Flettbodden (29) daal. As se wedder opwaken dee, harr se de Spraak verloren, keen eenzigst Woort keem ut ehr rut. Keen Woort keem över ehr Lippen, keen Luut geev se af.

In dat Buernhuus an de Haak trock de Truer in. Af un an leep de arm Deern dodenbleek ut'n Huus in'n Woold un keem jümmers noch witter in't Gesicht wedder trüch. As se in de Daag na Wiehnachten nich mehr ut ehr Butz (30) rut wull, harr de Mudder al 'n böös Ahnen. Se müch nich na ehr Deern kieken, so'n Pien harr ehr to faten. Amenn fünn se ehr Dochter dood in de Butz, 'n doden lütten Jung in ehr Arms.

Eißendorfs Majestätische Aussicht.

Den annern Dag weern de Buur, de dode junge Mudder, dat Kind un de gullen Weeg verswunnen. Korte Tiet later is uk de Buersfro von'n Hoff verswunnen ween. Keeneen hett nich 'n Spoor in de Haak un nich in de Swatten Bargen funnen. Wo de Hoff molinst stahn hett, weet hüüttodaags keen Minsch mehr to vertellen.

Das Märchen von der goldenen Wiege in der Haake

Am Rande der Haake (20) stand vor undenklich langer Zeit ein Bauernhof, der zu Eißendorf gehörte. Auf diesem Hof lebte ein wunderschönes Mädchen. Es war das einzige Kind der Bauersleute, die es zu einem fleißigen und gutherzigen jungen Menschen erzogen hatten. Als es in das heiratsfähige Alter kam, war die Zahl der verliebten jungen Männer groß, denn dort auf dem Hof an der Haake lebte nicht nur ein schönes und fleißiges Mädchen. Sie war als einziges Kind auch die Erbin eines ansehnlichen Hofes und würde daher für den von ihr Auserwählten in vielerlei Hinsicht eine sehr gute Partie bedeuten. Und dennoch war der Bauerntochter ein trauriges Schicksal beschieden, wovon in dieser Geschichte berichtet werden soll.

Eines Tages ging diese junge Frau in die Haake hinaus, um Bickbeeren zu suchen. Als sie tief im Wald war, knackte es plötzlich im toten Geäst unter den Bäumen und sie erschrak sehr. Plötzlich stand ein junger Jäger vor ihr, der sie freundlich lachend ansprach: "Schau an, schönes Mädchen! So ganz allein im tiefen Wald?" "Warum erschreckst du mich so?", fragte das Mädchen zurück. "Oh, nein, ich war zuerst hier. Ich sitze hier schon länger und erhoffte mir ein Stück Wild. Soll ich dir nicht beim Pflücken helfen?" Das Mädchen wehrte ab: "Nein, nein. Ich habe den Korb bereits voll und muss schnell zurück. Meine Mutter erwartet mich längst." Nachdem der Jäger sich noch nach dem Wohin und Woher der Schönen erkundigt hatte, bat er sie, doch wiederzukommen. "Ich würde dich gern wieder sehen!", rief er dem Mädchen nach.

Seine warmherzige Stimme hatte es ihr angetan. Er ging ihr nicht mehr aus dem Kopf und rasch bemerkten auch die Eltern, dass ihre Tochter verändert war. Nach zwei Tagen hielt das Mädchen es nicht länger aus, nahm den Korb, rief ins Haus, sie ginge noch einmal in den Wald zum Pflücken und verschwand rasch. Niemand sollte sie aufhalten. Tatsächlich wartete der Jäger am Reiherberg bereits auf sie, diesmal auf das Vornehmste gekleidet. Sie konnte ihre Zuneigung zu ihm nicht verbergen. Als der Jäger sie nach zwei Stunden heimwärts begleitete, pochte ihr Herz vor Freude so laut, als würde der Specht ein Astloch aushöhlen.

Drei Tage später galoppierten drei Reiter auf den elterlichen Hof. In strahlendem Glanz saßen drei schmucke Burschen zu Pferde und die Hofbewohner kamen aus dem Staunen nicht heraus. Der Anführer sprang vom Pferd, ergriff die Hand des Bauernmädchens und kniete sich vor den Eltern nieder. „Bitte gebt mir eure Tochter zur Frau! Ich will euch ein guter Schwiegersohn sein!" Das rief er mit lauter Stimme, sodass alle auf dem Hof es gut hören konnten. Die Eltern des Mädchens waren sprachlos vor Erstaunen, konnten ihm aber die Herzensbitte nicht abschlagen. Noch am gleichen Tage wurde der Hochzeitstermin vereinbart. Auf Jahr und Tag sollte die Hochzeit stattfinden. Die Eltern sahen und spürten die heftige Liebe ihres Kindes zum Ritter und fragten ihn nicht, wo er denn zu Hause wäre. Als die drei Reiter nach drei

Blick von der Majestätischen Aussicht nach Hamburg.

Tagen den Hof verließen, hatte der junge Ritter seiner Braut ein Versprechen gegeben. Sollte sie selbst einmal Mutter werden, dann würde sie ihr Kind in eine goldene Wiege legen können. Diese Worte gingen der jungen Braut nun nicht mehr aus dem Kopf.

Immer wieder kam der Bräutigam zu Pferde auf den Hof seiner Braut, aber immer größer wurden die Abstände seiner Besuche. Dem alten Vater war es unheimlich, dass er so gar nichts von diesem künftigen Schwiegersohn wusste. Er warnte seine Tochter eines Tages und gab seiner Sorge Ausdruck, dass sie einem Schwindler aufsitzen würde. Aber das wollte die junge Frau nun gar nicht wahrhaben und verschloss sich diesen Warnungen. Heimlich nun sandte der Vater einen seiner Knechte an den herzoglichen Hof nach Harburg, um Erkundigungen einziehen zu lassen. Als der Knecht zurückkam, wusste er nichts zu berichten, außer dass man ihn am Schlosstor ausgelacht und fortgejagt hätte. Die Bauersleute waren entsetzt und sie ahnten Schreckliches.

Als wenige Tage vor dem Hochzeitstag der Bräutigam sich nach langen Wochen des Wartens nicht hatte blicken lassen, sollte der „Kössenbidder" (26) die Gäste wieder ausladen. Am selben Morgen, als dies geschehen sollte, fand der Brautvater am frühen Morgen vor der „Blangendöör" (28) eine Wiege. Es verschlug dem Bauern die Sprache! Wer hatte sich hier einen schlechten Scherz erlaubt? Rasch aber musste er feststellen, dass die Wiege aus purem Gold war. Als Mutter und Tochter hinzutraten, fiel die junge Frau vor blankem Entsetzen und namenlosem Schmerz über die furchtbare Entdeckung in eine tiefe Ohnmacht. Als sie schließlich wieder erwachte, konnte sie kein Wort sprechen. Große Trauer zog in das Bauernhaus an der Haake ein und als schließlich die Weihnachtszeit kam, verbarg sich die enttäuschte Braut in ihrer Schlafbutze (30). Als sie gar nicht mehr im Haus erschien, fand die Mutter, das Schlimmste befürchtend, ihre tote Tochter mit einem toten Kind in den Armen. Am nächsten Tag war der Bauer mitsamt den beiden Toten und der goldenen Wiege spurlos verschwunden. Nach kurzer Zeit war auch die Bäuerin fort und nie hat irgendjemand auch nur die kleinste Spur von ihnen allen gefunden. Der Hof wurde verlassen und heute weiß niemand mehr, wo er wohl einst gelegen haben mag.

7. Hasenjäger un Düvel

In anner Gegenden von Düütschland smuustert de Minschen över de Liedenschap von de Noorddüütschen wegen jümehr Gröönkohl. Wat för mennich Lüüd Kaninkenfudder is, dat's för de Neddersassen, de Hambörger, Bremer un Hulsteener 'n Festeeten. Wat freit wi uns nich al in'n Harvst, wenn dat endlich den eersten Frost geven deit un wi wedder düchdig unsen grönen Kohl fuddern könnt.

Aver de Freid över dat Liefgericht von uns Plattdüütschen, dat deelt wi uk noch mit anner Kreaturen – ton Bispeel mit de Hasen un Kaninken. So ist't denn inst uk in'n Karkspeel Stell passeert. Dor hett de Timmermann Hinnerk leevt, de uk geern Gröönkohl eeten hett. Achter'n Timmerplatz harr he 'n lütt Stück Ackerland, wo he sien Kohl plant harr. Eens Daags see he to Trina, wat sien Fro weer: „Trina, ik mutt wat gegen de Hasen doon! De sitt mi to dull bi'n Kohl. Ganze Köpp hebbt's al wegfreten. Dat is'n wohre Schann!" Un so hett sik Hinnerk in'n Schummern an de Kant von sien Timmerplatz opstellt, dor, wo de Schaalbrääd an'n Appelboom afstellt weern. Dat seeg meist as so'n Oort Ünnerstand ut. Dor schuul dat 'n beten un dat

Lustige Erinnerung an einen Milchbock vor der Steller Kirche.

weer uk goot för Hinnerk, denn in'n laten Oktobermaand is't avends meist doch 'n beten wat koolt, vör allen Dingen denn, wenn de Vullmaand so recht breet an'n Heven steiht.

So weer't denn uk, as Hinnerk, mit de Flint blangen sik, na Hasen utkieken dee. He harr dor woll meist 'n Veertelstünn stahn, dor seeg he 'n Keerl op sik tokamen, de harr uk 'n Flint bi sik. „Nanu", dacht Hinnerk, „schull dat hier noch 'n annern Hasenjäger geven? Schull't 'n Wilddeev ween, de sik 'n Sünndagsbraden schaten will?" Un dorbi krüpp he noch'n Stück wieder trüch in sien Bood. Nu stell sik de düüster Schadden warraftig jüst för Hinnerk an'n Appelboom op. Hinnerk kunn ut sien Bood utmaken, dat de Keerl för sien Nääs Naver Johann weer. „Kiek di dat an! Johann will wilddeven! Man ik warr di wat, mien Fründ", grien Hinnerk sik wat. Dat hett nich lang duert, hüpp dor wat mang de Kohlstrünken rüm. Weer't 'n Has oder weer't 'n Kaninken? Egol! Navers Jehann böör sien Flint sacht in de Hööchd, neem dat Deert in't Veseer un drück af. Bootz! De Düvel uk! Hett dat 'n Duppelknall afgeven! Ünner Jehann sien Been keem 'n deegt Füerstrahl rut un dat weer so 'n bannigen Slag, dat den Naver vör Schreck de Flint ut de Hand fleeg un de Mütz von'n Kopp seiln dee. Wat weer dat? Herrjeh – wat harr he sik verjaagd! Flint un Mütz vergeet he in sien Noot un Pien un neih ut, as wenn de Düvel sülbst achter em her weer. De Timmermann greep sik gau Jehann sien Saken un maak sik op'n Weg, trüch in de warm Dönz. „Is nix worrn", see Hinnerk to Trina. „Dat weer mi uk to koolt vunavend!" Trina harr nix mitkregen von'n Duppelknall un to steek Hinnerk sik 'n Piep an, sett sik achtern Aven un smüüster sik wat.

De anner Hasenjäger kunn de ganze Nacht keen Slaap finnen, dreih sik in't Bett von een Siet na de anner, bit tolesst sien Mieken to em see: „Leeve Tiet, wat is bloots los mit di? Finnst keen Slaap? Hest koole Fööt?" „Ach, Mieken, wenn't dat man weer! Oh, leeve Tiet! Ik harr't nich doon schullt!" „Wat harrst du nich doon schullt?", wull nu Mieken weten. „Ach Mieken! Dat mit de Wilddeveree harr ik nich doon schullt! Nu hett mi de Düvel bi de Büx!" He stünn op un wies Mieken de Büx, de warraftig ünnen an beid Büxenbeen ansengelt weer. Keen Fraag: Dat stünk na Swevel! Un denn vertell Jehann sien Mieken, wat he beleevt harr. Nu kunn se uk begriepen, dat he vör luter Angst un Pien nich to Slaap kamen weer. „Du hest recht, Jehann, dat süht nich bloots na'n Düvel ut, dat stinkt uk na em!"

Den annern Morgen sliek sik Jehann na'n Timmerplatz, he wull doch wenigstens de Flint wedder hebben. He söch un söch un kunn nix utmaken. Miteens stünn de Timmermann vör em. „Jehann, du leeve Tiet! Wat sühst du witt üm de Nees ut! Is wat mit Mieken? Un wat kiekst du so verstött övern Kohlgoorn?" „Ach, Naver, wat ik beleevt heff! Mien Tiet is woll meist afflopen!" „Nanu! Jehann, wat schall so'n Schnack! Wat's los mit di! Ik kenn di gornich wedder!" Un denn vertell Jehann in sien Noot, wat he güstern avend beleevt harr, vertell von'n Düvel un von'n Swevelgestank an sien Büx. „Jehann, kumm mit in't Huus. Laat uns 'n Grog hebben. Dat mööt wi Trina vertellen! Leeve Tiet, dat's je meist Spökenkraam, wat du mi dor vertellst." Un denn seeten de beiden Navers bi'n Timmermann in de Köök un göten sik de Düvelsangst de Görgel daal. Trina weer bi dat Vertellen uk ganz witt ünner de Nees worrn. Nu weer se wedder wiss, dat't doch Spökenkraam geven dee. Bilütten harrn de Mannslüüd 'n poor Grog weg. Hinnerk stünn op un güng na buten. As he wedder trüch weer, leeg he Flint un Mütz Jehann vör de Nees. De sprüng op, as harrn em de Weepschen bi de Büx. Mit de Fuust hau he op'n Disch, dat de Glöös man bloots so

Am Dorfrand von Stelle mit Blick nach Hamburg-Bergedorf.

hüppen un sprüngen un bölk: „Du büst mi de gröttste Düvel in'n Dörp! Herrjeh, wat hest du mi för'n Narrn holen!"

As Jehann sien eersten Schreck överwunnen harr, müss he opletzt doch lachen. Wat harr de Naver em dor mitspeelt! Goot, dat in'n Rumbuddel noch öllich wat binnen weer. Bi'n stieven Grog kann een sik doch op best wedder verdrägen. Bi'n sössten Grog hebbt se sik afmaakt, keeneen in'n Dörp wat von de Hasenjagd un den Düvel to vertellen. Se wulln sik wegen de Geschicht op keen Fall vertüürn. Man op Hasenjagd sünd de twee tosamen nich miehr gahn. Op wat för'n Aart de Geschicht amenn rutkamen is, dat is mi nich bekannt.

Die Hasenjäger und der Teufel

Mag man sich in anderen Gegenden Deutschlands über die Leidenschaft der Niedersachsen, Hamburger, Bremer und Holsteiner für den Grünkohl amüsieren, hier im Norden bleibt die Grünkohlmahlzeit ein Festessen. Aber die Leidenschaft zu diesem Kohl teilt der Norddeutsche auch – mit Hasen und Kaninchen.

So geschah es einst im Kirchspiel Stelle, dass der Zimmermann Hinnerk feststellen musste, dass die Vierbeiner sich an seinem Kohl gütlich taten. „Trina, ich muss etwas gegen die Hasen tun! Sie haben mir bereits ganze Kohlköpfe abgefressen", meinte er zu seiner Frau und postierte sich mit dem Gewehr im Anschlag abends am Rand des Zimmereiplatzes, dort wo ihm die langen Schalbretter, schräg an einen Apfelbaum gestellt, eine Art Schutzhütte boten. Denn im späten Oktober war es bei Vollmond doch bereits empfindlich kühl.

Als Hinnerk dort nun eine gute Viertelstunde wachsam gestanden hatte, kam ein weiterer Hasenjäger mit dem Gewehr unter dem Arm angeschlichen. Sollte hier jemand unbefugt wildern wollen? Kaum hatte Hinnerk diese Frage überlegt, erkannte er bereits seinen Nachbarn Johann. „Da schau an! Nachbar Johann als Wilddieb! Warte, Freundchen, ich werde dich lehren!" Und schon sah nicht nur Hinnerk einen Hasen im Kohlfeld angehoppelt kommen. Auch Johann hatte das Tier bereits ins Visier genommen. Inzwischen hatte sich Hinnerk vorsichtig im Unterstand zurückgezogen und sich auf den Boden gelegt.

Was war das für ein gewaltiger Doppelschlag aus zwei Flinten mit einem Feuerstrahl unter Johanns Beinen hindurch! Dessen Schreck war so gewaltig, dass er das Gewehr fallen ließ, in Panik fort rannte und dabei auch noch seine Mütze verlor. Der Zimmermann kam sogleich aus dem Versteck, sammelte Flinte und Mütze auf und ging ins Haus zurück in die warme Stube. „Kein Jagdglück heute Abend", gab er seiner Frau zur Erklärung. „Es war mir auch viel zu kalt!"

Der andere Hasenjäger konnte die ganze Nacht keinen Schlaf finden und wälzte sich voller Unruhe im Bett hin und her. „Du liebe Zeit, was ist bloß mit dir los? Warum schläfst du denn nicht?" Johanns Frau fühlte sich recht gestört in ihrem Schlaf. „Ach, Mieken! Furchtbares ist mir passiert! Ich hätte es nicht tun sollen! Der Teufel selbst hat mich beim Wildern erwischt! Sieh dir nur meine Hose an, sie stinkt nach Schwefel!" Und dann beichtete er seiner Mieken sein schändliches Tun. Als die Frau dann auch noch den Schwefelgestank gerochen hatte, war auch sie überzeugt, dass der Teufel die Hand im Spiel hatte.

Am anderen Morgen nahm Johann aber allen Mut zusammen, um vom Kohlgarten Gewehr und Mütze wiederzuholen. Plötzlich stand der Zimmermann vor ihm. „Johann, was ist mit dir? Du bist ja kreidebleich! Was ist passiert?" Nun erzählte Johann von der Angst und Not, die er ausgestanden hatte. Weil er vom Teufel selbst beim Wildern erwischt worden sei, wäre seine Zeit nun wohl abgelaufen. „Nachbar, nein, so schlimm wird es nicht kommen! Geh mit ins Haus, lass uns einen steifen Grog trinken!" In der Küche des Zimmermanns musste nun Nachbar Johann seine Teufelsgeschichte auch der Nachbarin noch einmal erzählen, die mit großer Bestürzung auf die schreckliche Begebenheit reagierte.

Als die beiden Männer einige Grog getrunken hatten und Nachbar Johann allmählich seine Fassung wieder gefunden hatte, stand Hinnerk auf, nahm Flinte und Mütze aus einem Schrank und legte sie vor Johann auf den Tisch. Der sprang sofort auf, haute mit der Faust auf den Tisch und rief: „Du bist mir der größte Teufel im Dorf! Meine Güte, wie hast du mich zum Narren gehalten!" Als gute Nachbarn aber tranken sie noch einige Grog und vereinbarten, niemandem im Dorf von dieser Geschichte etwas zu erzählen. Auf Hasenjagd sind die beiden allerdings nie wieder gemeinsam losgezogen und auch die Geschichte ist irgendwie doch herausgekommen.

8. Ik bün al hier

Disse Geschicht wüss uns Grootvadder to vertellen, de as Dörpsschoolmester mit de Wohrheit jümmers nipp un nau ümgüng. Ut den Grund ward dat uk wiss wohr ween, wat sik dor op de „Lüttheid" (31) bi Buxthu afspeelt hett.

Wenn ik Grootvadder fröher fragen dee: „Opa, is de Geschicht uk warraftig wohr?", denn pleeg he to antern: „Jung, ik heff dit Vertellen von mien Grootmudder höört. Du glöövst doch woll nich, dat mien Grootmudder nich jümmers de Wohrheit seggt hett? De Begevenheit mutt sik so, as ik di dat seggen do, afspeelt hebben."

„Kiek", see uns Grootvadder jümmer, „uk wenn de Buxthüder 'n Wettloopsweg hebbt un övertüügt sünd, dat dor dat Wettlopen ween is, denn sünd's man doch in'n Irrgloven. Dat hett fröher in Buxthu uk 'n Kroog „To'n Swinegel" geven. De hett an de Horbörger Straat legen, wo nu warraftig nie nich Heidland ween is. Un dorüm glööv ik uk, dat de Wettloop nich in Buxthu ween is. De hett sik twischen Eindörp un Imbeek afspeelt. Mit dat Wettlopen is dat so ween:

Dat weer an'n schöön Sünndagmorgen in de Harvsttiet, so in de eersten Oktoberdaag, wo de Sünn noch warm schient un de Kinner opleevst buten speelen wüllt. De Swinegel stünn vergnögt in beste Stimmung vör de Huusdöör uk keek in de Sünn. He fleiht 'n lütt Leed, wat he as Kind in de Swinegel-School lehrt harr un frei sik över den schöön Sünndag.

Sien Fro un Kinner weern noch in'n Huus bi'n Fröhstück. De Swinegel harr sien Familje toseggt, mit jüm an dissen schöön Dag 'n lütten Utflug na'n Klooster (32) to maken, wo Marktdag weer. Bit dorhin weer aver noch 'n beten Tied un nu güng de Swinegel op 'n Fellen, sik de Zuckerröven to bekieken un to pröven, wo wiet de al weern.

Ünnerwegens keem em de Haas in de Mööt, de uk 'n Spaziergang maken dee. De Haas, dat weer 'n vörnehmen Herrn, de sien Nääs jümmers stief na baben in de Luft holl. He keek uk geern op Lüüd, de 'n beten wat lütt bleven weern, hoochnääs von baven an.

„Moin moin, Naver Lampe", grööt de Swinegel fründlich, trock sien Hoot un möök 'n deepen Dener. De Haas holl sien överlang Ohren stief in de Hööchd, keek minnachtig van baven över sien Brill weg op den lütten Swinegel daal un anter unfründlich kott: „Moin! Wat maakst hier buten al?"

„Ik?", fröög de Swinegel gootmödig. „Ik bün 'n lütt beten op'n Padd. Ik maak 'n Spazeergang un will na mien Zuckerröven kieken", reek sik in de Hööchd un versöök, den stolten Lampe in de Oogen to kieken.

„Spazeern? Du geihst spazeern?" Lampe füng an to lachen. „Du kannst mit dien korten un scheven Been doch gornich spazeern gahn. Du kannst man bloots so'n beten över'n Weg stolpern! Pass man op, dat du nich dien krummen Been noch afbreken deist!"

Jungedi, dat harr aver bi'n Swinegel seten! He weer jo man 'n wohrhaft samftmödigen Keerl, harr mit keeneen Striet un keem jümmers mit alle Lüüd op Best trech. Aver, wenn'n Grootmuul över sien korten un krummen Been lachen dee, denn kunn he ganz verdriest warrn. Nee, dat kunn he nich af!

Man de lütt Swinegel harr sik in de Gewalt, he bleev ganz sinnig. „Meenst du amenn, dat du flinker lopen kannst as ik?" He keek Lampe scharp an. De weer nu över so'n krötig Fraag bannig verdattert, dat he nich glieks to antern wüss. „Wi künnt jo man 'n Wettloop maken, denn wies ik di, wo gau ik lopen kann", slöög de Swinegel vör.

De Haas schuuv vör Wunnern de Brill, de he wegen sien Kortsichtigkeit jümmers drägen müss, mit Swung in de Mitt von sien lang Nääs. He kunnt nich faten, wat he jüst hört harr. „Wat sleist du vör? Mit mi üm de Wett lopen? Büst du bregenklöterich (33)? Stickt di de Habern? Du hest woll an'n frööhen Morgen al wat drunken?" De Haas kreeg sik ierst gornich wedder in. „Du hest woll Lüüs in'n Kopp! Mit mi üm de Wett to lopen – dat is ja woll lachhaft!" He faat sik an'n Kopp un müss uk de Brill wedder trech schuven, de bi dat veele Fragen ut de Mitt von sien Nääs afrutsch weer.

Man de Swinegel holl fast an sien Vörslag. „Nee, dat is nich lachhaft! Ik loop di weg un sett twintig Dalers, dat ik flinker bün as du." De Haas schütt sik meist ut vör Lachen un müss Buuk un Brill fasthollen, so schüddel em dat. „Swinegel", see he, „krieg di wedder in! Wees klook un maak nich so'n Narrenkraam! Du verspeelst dienen Spoorstrump! Dien Kinner mööt beddeln gahn! Du willst dat doch nich mit mi opnehmen?"

An der B73, wo einst die Immenbecker Lüttheide lag.

„Dat schulln wi pröven", see de Swinegel. Na'n lütten Ogenblick Överleggen see he denn: „Haas, höör to, ik heff man bloots 'n Bitt. Ik mutt vörher na Huus un wat Eeten, ik heff noch keen Fröhstück hatt. Laat uns in'n Stünn hier an dissen Acker wedder tohoop kamen un achterna den Wettloop maken. Du musst ja uk na Huus gahn um de twintig Dalers halen."

De Haas smiet sik meist op de Eerd vör Lachen un Koppschüddeln. „Swinegel! Nu büst du amenn ganz un goor dörchdreiht! Vör'n Lopen wat Eeten? Mit dien korten Been un denn noch'n vullen Buuk? Un – un ik schall de Dalers halen? Dat glöövt mi achterher keeneen, wenn ik dat in'n Dörp bi'n Kröger vertellen do!"

Dat de Swinegel nu vörher noch na Huus wull, üm sik den Buuk vull to slaan, dat hett den Haas meist ut de Fasson bröcht. He kunn man bloots wedder hochfahrig lachen un pruust dörch sien vörstahn Tähnen: „Ik will de twintig Daler woll halen. Aver freet man nich to veel, Swinegel, anners kannst dien dicken Buuk överhaupt nich vörwarts kriegen un denn kummst överhaupt nich vörto. Un vergeet du man nich de twintig Dalers. Mi dücht, dat weer beter, du hest de Dalers dorbi!" Un he lach un grien sik wat in'n Boort.

Dor hett de Swinegel Meister Lampe stahn laten, is na Huus gahn un hett mit sien Fro snackt. He verklookfidel (34) sien Fro gau, wat he tovör op'n Fellen mit Lampe afmaakt harr. „Ik heff mi dat goot överleggt. Gah in de Slaapstuuv, hol ut dat Schapp mien Jack un Büx, treck de Kledaasch an un kumm mit mi op'n Fellen."

De beiden Swinegels weern al lang verheiraat un de Fro harr egentlich jümmers groot Vertroon to ehrn Keerl. So muul se nich wieder gegenan, trock sik de Mannskledaasch an un güng mit em los op'n Fellen. Swinegels Vadder vergeet bi all sien Överleggen uk nich, de twintig Dalers in de Dasch to steken.

Bilütten weer de Haas na Huus gahn, harr uk de twintig Dalers herkregen un sik dat komodig maakt. He seet in de Sünn un dach daröver na, wat he wull mit dat veele Geld maken schull. „Dunnerslag", dacht de Haas, „för twintig Dalers kann ik mi för de neegsten tein Johr Farv för de Ostereier köpen." Un he freih sik op dat veele Gild, wat he den Swinegel in de tokamen Stünn afnehmen wull.

De Swinegel güng middewiel mit sien Fro an dat anner Enn von'n Kamp, so dat de Haas jüm nich ansichtig ween kunn. De Kamp weer na de Ruggenoarnt jüst plöögt worrn un harr an de langen Sieden, wo he an'n Naver sien Acker stööten dee, 'n poor deepe Fören (35).

„Mien Deern", see de Swinegel, „du settst di hier achtern Busch, dat Lampe di nich sehn kann. Kummt he anlopen, springst du gau in de Föör un bölkst ganz luut „Ik bün al hier!" Denn dreihst di üm un loopst 'n poor Schreed de Föör rop op't anner End to. Poor Schreed sünd noog! Gah denn trüch un sett di wedder daal, bit de Haas wedder dor is. Schallst mol sehn, wat passeert." De Freid över dit Spektokel weer Swinegels Vadder antosehn.

Mit düsse Instrukschoon för sien Fro leep de Swinegel den Kamp vörto na Meister Lampe rop. De weer al sleep worrn in de Sünn. Man as he de twintig Dalers ansichtig weer, de Swinegels Vadder ut sien Dasch trecken dee, dor weer he waak. „Wo hest du dien Dalers?", fröög de Kortbeente. Lampe leeg mit Smuustern toeerst de Brill in't Gras un denn de Dalers dorbi. Mit de Brill wull he dat Lopen nich maken. Dor weer he doch bang, dat se ünnerwegens von de Nääs rutschen dee. He harr sik vörnaamen düchdig flink to ween, wieldat em dat je doch so'n lütt beten steken dee, dat de Swinegel em föddert

Am Fleth in Buxtehude.

harr. „Swinegel", grien he, „dat du na mien Dalers fraagst, is je woll gediegen. Du willst mi woll brüden (36)? De kriggst du dien Leevdag nich in de Pooten." Bi dit Snacken güngen de beiden op'n Kamp, posteern sik jedeen in een Föör un Lampe see oplesst hoochfahrig: „Ik tell ‚een, twee, dree – los!' un denn kiek du to, dat du von'n Plack kamen deist mit dien korten Been!"

So güng de Spooß an. De Haas tell ‚een, twee dree – los!' un suus af, dat de Sand achterrut sprütten dee as weer de Düvel achter em her. In de Mitt von'n Kamp weern bloots noch de flattrigen Lepel to sehn. Wieldat't bargdaal güng, överslaa Lampe sik meist bi't Birsen (37). De Swinegel aver is sitten bleven un hett sik lütt maakt.

Ünnen an'n Kamp seet al de Fro un luer op Lampe, de as de Harvststörm ansuust keem. Swinegels Mudder sprüng flink in ehr Föör un reep: „Ik bün al hier!".

„Wat's dat", reep de Haas puustig, „dat kann je woll nich angahn, dat du al dor büst!"

Nu weet wi jo, dat de Haas nich goot kieken kann. Wat he dissen Morgen sien geele Wötteln noch nich hatt hett oder avers in sienen Iever gor nich marken dee, dat he dat mit den Swinegel sien Fro to doon harr, dat wüss mien Grootvadder uk nich to verklaaren. Amenn weer't woll doch 'n Fehler, dat he de Brill nich oplaten harr. Wohr is sachts, dat Swinegels Mudder in Büx un Jack von ehrn Keerl jüst so as he utsehn hett. Un dissen Ümstand hett de kortsichtige Haas to sien Verdarven nich markt.

„Retuur", rööp he, „wi loopt wedder retuur! Nu geiht't bargop! Baven warst' sehn, wat ut di ward!" He bruus aff, de Föör wedder rop. Lampe hett de lütt Barg nich veel utmaakt, he harr meist dat sülvige Tempo as weer he bargdaal lopen. Schwupps harr he de Tuur wedder trüch leggt! Baven stünn de Swinegel al wedder vör em. „Ik bün al hier!" De Swinegel japp na Luft un puust Lampe dorbi an, as weer he lopen as dull un speel em vör, as weer he nu kort vör'n Hartklabaster.

„Nu ward de Wilt verrückt", schreeg de Haas. Sien Oogen stünnen wiet vör un füllen em meist ut'n Kopp. Nu keem vör Dag, wat dat Kieken em mihrer Last maken dee as dat Lopen. Bilütten harrn uk de groten Hasenlepel 'n elennig blootroot Klöör kregen. „Wat hett dien Fro di bloots to'n Fröhstück geven, dat du so gau lopen deist? So wat is je mien Leevdag noch nich vörkamen! Wi loopt wieder, Swinegel, bit dat du ümkippen deist!" Un af weer he. Dat hett stöövt över'n Fellen, as wenn dat bi scharpen oosten Wind daagslang dröög ween weer. Lampe möök dat Tempo jümmers scharper. De beiden Swinegels hebbt von den lööpdösigen Haas ut sien deepe Rennfööer bloots de grooten roden Lepel to seen kregen, de af un an ut 'n Stoff rutblitzen. Lampe warvel de Eerd op, jüst so, as wull he den ganzen Kamp miteens ümplögen.

Mien Grootvadder wüss dat sülbst uk nich mihrer so nipp un nau, wat dat nu warraftig söbenundörtig, achundörtig oder man bloots sössundörtig Tuuren ween sünd. Jümmers, wenn de Has an'n End vun'n Kamp ankeem, reep een von de Swinegels „Ik bün al hier!" Disse Schinneree weer amenn to veel för Lampe. He sack tosamen, smeet sik op'n Acker un füng dat Blarren an. Sien Fell, sien schöön blankbruun Hasenfell! Wo seeg dat bloots ut! Över un över weer't vullkleit mit Eerdkluten! Sieden Glanz un blenkern Klöör weern verswunnen – een kunn den vörnehmen Herrn meist nich wedderkennen. He jammer, ween un klaag dörch'nanner: „Swinegel, wat is bloots los? Du bist mi över! Wi mööt opholen. Ik kann nich mihrer. Nimm de twintig Dalers un gah na Huus! Bi de Seel von mien Grootmudder", un he müss wedder na Luft jappen, „segg bloots nix to dien

Fro von uns Wettloop!" Ganz vertwiefelt see he denn noch: „Ik geef di tein Dalers to de twintig dorto, wenn du mi verspreken deist, in'n Dörp nix to vertellen. Wat weer dat vör'n Schann vör mi un mien Sippschaap, wenn de Lüüd to weten kriegt, dat du mi bi'n Lopen över bist. Dat ganze Dörp un uk de Buxthüder warrn över mi lachen."

Vadder Swinegel geef Lampe Poot mit dat Verspreken, keen Woort över dat Wettloopen to vertellen. De dörtig Daler hett he gau insteken un is ohn Hast un Iel na Huus bummelt. Wat glöövst du woll, wat dat bi Swinegels för'n schöön Marktdag op'n Klooster afgeven hett, meen mien Grootvadder un grien sik jümmers wat in sien griesen Boort! Wieldat de Swinegelfamillje bi't Gildutgeven för Eeten un Drinken, dit un dat Inköpen un Karusselfohren mööd worrn weern, leet Vadder Swinegel sogoor noch 'n Peerkutsch kamen, dormit de Familje nich wedder to Foot na Imbeek trüch müss.

För'n Swinegel weer't 'n Freten, as se bi Lampe an'n Huus vörbi kamen sünd un de Haas de vörnehm Peerkutsch mit all de Kortbeenten seeg. As dat Swinegels Aart weer, grööt he fründlich na Lampe röver un wink em mit 'n Gildbüdel to. „Wat is denn mit Swinegels los?", fröög Fro Lampe ehrn Keerl. „Wat weet ik? De hett dat woll in'n Kopp kregen. Villicht hett he jo bi de Lodderie wunnen", meen de Haas tögerlich un masseer al wedder mit 'n Melissenwater von de Kloosterfroo vörsichtig de wehdaagschen un stieven Been, de em so bannig swoor weern.

Un mien Grootvadder vergeet an'n End von de Geschicht uk nie nich to seggen: „Süh, mien Jung, un wat lehrt uns disse Geschicht? Beter is, dat een nich so'n groot Muul hett un över korte Been nich lachen deit. Hochmoot kummt vör den Fall!" Aver uns Opa hett uk keen Antwoort op mien Fraag wüsst, keen den Hasen denn nu verraden harr. „Villicht weer de Haas dat in'n Duunass op'n Füerwehrball bi Prelle op'n Saal (38) jo sülbst, de dat vertellt hett?"

Ich bin schon hier

Diese Geschichte erzählte mir als kleiner Junge mein Großvater, der als Lehrer sehr genau mit der Wahrheit umging – und deshalb wird diese

Geschichte auch tatsächlich wahr sein. Mein Großvater war davon überzeugt, dass der Wettlauf zwischen dem Hasen und dem Igel auf der „Lüttheid" stattgefunden haben muss, die zwischen Eilendorf und Immenbeck liegt. Zwar hätten die Buxtehuder einen „Wettloopsweg", aber sie hätten auch ein Gasthaus „Ton Swinegel" gehabt und das habe an der Harburger Straße gelegen, wo nun niemals Heide gewesen sei. So war er also überzeugt, dass der Wettlauf, über den er so wunderbar zu erzählen wusste, am Geestrand bei Eilendorf und Immenbeck gewesen sein musste.

Als an einem schönen Sonntagmorgen im frühen Herbst der Igel nach seinen Zuckerrüben sehen wollte, begegnete er dem Hasen. Freundlich wie stets grüßte der Igel den vornehmen und zur Hochnäsigkeit neigenden Hasen. Der wiederum war kurz angebunden und entbot nur einen knappen Gruß. „Was treibst du hier draußen?", fragte der Hase. „Ich gehe spazieren und schaue nach meinen Zuckerrüben", gab der Igel zurück. Dass der Igel mit den ausgesprochen kurzen und krummen Beinchen einen Spaziergang machte, das erheiterte den Hasen sehr und er spottete: „Pass nur auf, dass du mit deinen kurzen Beinen nicht ins Stolpern kommst und sie dir noch brichst." Alles konnte der Igel ab, nur bei diesem Thema kannte er keinen Spaß. Über seine kurzen Beine zu lästern, das missfiel ihm auf das Schärfste.

„Lass uns einen Wettlauf machen, dann zeige ich dir, was meine Beine vermögen", gab er bei allem Zorn gelassen und überlegen zurück. Der Hase konnte sich kaum fassen über das unverschämte Angebot des Igels. Als der nun gar noch draufsattelte und 20 Taler setzen wollte, verlor der Hase die Fassung vollends. „Igel, sei klug und mache dich nicht zum Narren und Gespött der Leute! Du hast doch nicht den Hauch einer Chance gegen mich!" Der Hase wollte sich ausschütten vor Lachen und verlor beinahe die Brille von der Nase, die er bei angeborener Kurzsichtigkeit stets mit Stolz trug. Der Igel aber ließ sich nicht einschüchtern, erbat allerdings einen kleinen Aufschub, denn er hätte noch kein Frühstück gehabt und müsse dies vor dem Wettkampf zu Hause unbedingt noch einnehmen. Auch dieses Vorhaben rief Lachsalven beim Hasen hervor. „Du willst dir zuvor noch den Bauch vollschlagen? Du meine Güte, wenn ich diese Geschichte hinterher im Wirtshaus erzähle – das glaubt mir doch niemand."

Der Igel setzte zu Hause mit knappen Worten seine zunächst entsetzte Frau in Kenntnis, wusste sie aber zu beruhigen und forderte sie auf, sich Igelvaters Männerkleidung anzuziehen und mit ihm auf das Feld zu gehen. Ohne dass der in der Sonne schläfrig gewordene Hase die beiden sehen konnte, instruierte der Igel sein Eheweib vor Ort genauestens über seinen schlauen Plan und begab sich dann selbst den Acker hinauf zum Hasen. Das Wettrennen sollte in zwei frisch gepflügten Furchen stattfinden. Der Igel allerdings bat vor dem Rennen, die vereinbarten zwanzig Taler sehen zu dürfen, was den Hasen abermals äußerst zu erheitern wusste. „Igel, dies Geld wirst du doch niemals in deine Pfoten bekommen! Dass du überhaupt danach fragen magst, ist ja schon sehr merkwürdig!" Schließlich wurde vereinbart, dass der Hase den Start des Rennens ansagen wollte und dann sollte es auch losgehen.

Sofort jagte der Hase in einem irrsinnigen Tempo los und er überschlug sich fast dabei, denn der Acker war leicht abschüssig. Aber er hatte sich vorgenommen, den Igel demütigen zu wollen wegen der Unverschämtheit, ausgerechnet gegen ihn einen Wettlaufen zu fordern. Als er unten am Ende des Feldes angekommen war, saß die Igelin

Der Ewer „Margareta" vor der Ahren'schen Mühle in Buxtehude.

bereits in der Furche und rief laut: „Ich bin schon hier!" Nun zeigte sich, dass der Hase vor dem Rennen einen großen Fehler gemacht hatte. Um beim Rennen seine Brille nicht zu verlieren, hatte er diese neben die 20 Taler beim Startplatz ins Gras gelegt. Jetzt hinderte ihn offenbar die Kurzsichtigkeit zu erkennen, dass die Igelin ihn zum Narren hielt. „Zurück! Wir laufen zurück! Diesmal geht es bergan! Du wirst sehen, was dir geschieht!" Der Hase war außer sich und raste erneut wie besessen los. Oben angekommen, narrte ihn das schlaue Igelmännchen und spielte ihm vor, erschöpft zu sein, indem es heftig atmete. „Ich bin schon hier", rief es, scheinbar völlig abgekämpft. „Jetzt wird die Welt verrückt!", schrie der Hase. „Was hat deine Frau dir zum Frühstück gegeben? Es geht weiter, bist du umfällst!"

Mein Großvater wusste es nicht immer so ganz genau, ob es nun siebenunddreißig, achtunddreißig oder nur sechsunddreißig Touren waren, die der Hase rasen musste, bis er schließlich völlig erschöpft auf den Acker sank. Er fing an zu heulen und flehte den Igel an, das gewonnene Geld an sich zunehmen – aber um Himmels Willen niemandem etwas von der schmählichen Niederlage des Hasen zu erzählen. Er gab ihm sogar nach zehn Taler obendrein für den Schwur des Igels, niemandem ein Sterbenswörtchen zu sagen.

Den Igeln war der Markttag in Altkloster ein Festtag und Vater Igel gönnte schließlich den Seinen die Heimfahrt nach Immenbeck mit der Pferdedroschke. Als sie beim Hasen vorüberfuhren, winkte der Igel, fröhlich seinen großen Geldbeutel schwingend, zum Hasenhaus hinüber. „Was ist denn mit dem los?", wunderte sich die Hasenfrau. Lampe rieb im selben Moment gerade einmal wieder die schmerzenden Waden mit Klosterfrau Melissengeist ein. „Wer weiß das schon? Vielleicht hat er ja in der Lotterie gewonnen?"

Mein Großvater vergaß am Ende der Geschichte nie zu erwähnen, dass man niemals über Kurzbeinige lachen solle, denn es sei bekannt, dass Hochmut vor dem Fall käme.

9. Jäger Matten ut Bookholt

De Voogd in Seppens hett 'n Dochter hatt, de is so wunnerschöön ween, dat all de jungen Keerls ut de Gegend ründ üm de Lohbargen ehr geern to Fro hebben wulln. Man de Deern Stine harr alleen 'n jungen un smucken Jägersmann leev, de nich wiet af in Bookholt wahnt hett. Sien Naam weer Matten. Eegentlich hett he Martin heten, man de Lüüd röpen em Matten. De Voogd harr avers wat beters mit sien Dochter vör as ehr 'n armen Jäger to geven. He wull, dat Stine de Fro von'n Oberföster von de Lohbargen warrn schull. De harr nich bloots miehr an de Hacken, de harr uk blau Bloot. He weer een von de „von un to" un dee ut 'n lümborgsche Adelsfamillje afstammen. Man von so'n „von un to" wull Stine nix weten. All dat Weenen von de Deern hett nich holpen, se müss den Oberförster friegen, liekers he för ehr veel to oold un 'n wedderigen Keerl weer, de faken uk veel to veel Beer un Kööm drunken hett un denn teemlich groff warrn kunn.

Nich eenmol hett Stine bi de Hochtiet lacht. Ehr weer't nich mol möglich, bi all ehr Hartpien fründlich to kieken. Se hett jümmers an Matten dinken müsst, de nu ohn ehr leven müsst. Man dat Leven

Die Dreimännerkiefer an der Lohbergenstraße.

güng wieder un eens Daags bemött Stine op'n Weg von de Lohbarger Fösteree na ehr Öllernhuus in Seppens ehrn Matten. De beiden füllen sik in de Arms un Stine ween dicke Traanen över ehr unglücklich Leven in de Fösteree. Matten hett ehr nich tröösten kunnt, denn uk sien Leven weer ohn Stine Dag för Dag jümmers düster un swoor.

Dat de Oberföster nu af un an na dat Amt oder sogoor na'n Hertog na Lümborg müss, hebbt de beiden unglücklichen jungen Minschen avers man doch utnutzt. Heemlich hebbt se sik op'n Höllenbarg (39) drapen un sik dor, deep ünner Kratt un Bööm versteken, leev hatt. Op'n Höllenbarg leeg tomaals 'n grooten Granitsteen un de Lüüd vertellen sik faken wat Wunnerlichs över dissen Steen. Dor schull de Düvel af un an för de Hexen op 'n füerig Vigelien to'n Danzen opspeeln. Faken hebbt Stine un Matten över dat Spökels lacht un kunnen so'n Narrenkraam nich för iernst nehmen.

In de Lohbarger Fösteree leevd to de Tiet 'n jungen Föster, de harr uk 'n Oog op de schöön Stine smeten un al lang markt, dat de jung Fro mit ehr Leven ganz un gor nich inverstahn weer. Faken harr dat mol 'n böös Woort von'n Oberföster an sien jung Fro geven un dat harrn de annern in'n Huus düütlich mitkregen. So harr de jung Föster Stine uk mol nastellt, is bi ehr aver böös ankamen. „Schaam di wat", harr se to em seggt, „'n verheiraad Fro natolopen!" Tööv, du sööte Hex, hett de Föster in sien Arger dacht, ik warr di noch wat! Al lang harr he Verdacht, dat de junge Fro sik af un an ovends ut'n Huus maken dee. Un so keem dat denn uk, dat he ehr nasliek, as se mol wedder op'n Weg na'n Höllenbarg weer. Wat de Föster dor denn to sehn kreeg, hett em de Wohrheit över Stine un ehr Duppelleven bröcht.

In Harvst weer de Oberföster von'n Ridder in Boitschen to'n Jagd op Hasen inlood. He harr den jungen Föster bi sik. As de Föster op'n Weg na Boitschen markt hett, dat sien Baas mol wedder in düüster Gedanken weer, fraag he em, wat he so truerig utsehn dee. „Wat fraagst du dor?", fohr de Oberföster em an. De junge Keerl nehm all sien Kraasch tohoop un see: „Oberföster, ik weet, dat Se Arger un Kummer mit Ehr Fro hebbt!" De Oberföster reet an'n Tögel von sien Peerd, dat de Zossen fuurts stahn bleev. He keek den jungen Föster scharp an. „Wat weest du? Segg mi, wat du weest!" De Jungföster

Am Brunsberg in den Lohbergen.

müss em nu allns vertellen, wat he rutkregen harr. In sien Slechtigkeit frei he sik, Stine nu wat trüchtobetahlen.

Annern Dag in'n Huus see de Oberföster to de junge Fro: „Stine, ik mutt di 'n poor Daag alleen laten. Ik mutt an'n Hoff von'n Hartog na Lümborg." Dat geev för Stine keen betere Nahricht. Nu harr se wedder Utsicht, ehrn Matten to sehn. In dat Johr, wat Stine nu al in de Fösteree leven dee, weer dat twüschen ehr un de Kööksch to'n gode Fründschap kamen. De Kööksch harr je uk fuurts rutkregen, dat twüschen Oberföster un Stine nix passen dee. Se hett den jümmers gnatterigen Oberföster ehr Leevdag nich utstahn kunnt. De unglücklich jung Fro hett ehr duert, un dorüm överbröcht de Kööksch af un an Nahrichten von Stine na Matten.

As de Oberföster nu – so as he seggt harr – ut'n Huus weer, leep Stine bi helllichten Dag na'n Höllenbarg, wo Matten al mit Ungedüer töven dee. Man bevör Matten sik op'n grooten Granitsteen seet, dat he sien Leevste gau an sik drücken kunn, harr de Oberföster sik al in'n Machangelwriet dor op'n Höllenbarg versteken. De luer nu, wat dat stimmen dee, wat de junge Föster em verraden harr. Un kiek! Toeerst keem Jäger Matten un keen halv Stünn later störm uk al Stine op'n Höllenbarg rop un gau ehrn Leevsten in de Arms. Dat weer för'n Oberföster nu toveel. He spann sien Büchs, legg op Matten an un drück af. Jäger Matten harr dat Knacken von de Flint höört, reet sien Büchs hooch, seeg in'n sülven Oogenblick al 'n Füerschien un drück uk af. Beid Schütten harrn op Best drapen, sacken beid in sülven Momang daal un kemen op'n Höllenbarg doot to liggen.

Stine wüss toeerst nich, wat passeert weer, seeg Füer ut'n Machangelwriet slaan, höör den gresigen Duppelknall un müss mit ansehn, dat de Oberföster dor miteens ut'n Wriet störten keem. Man glieks sack he daal un slöög mit 'n Flint in'n Arm op'n Bodden. As se dat noch gornich begrepen harr, seeg se Matten mit utbreete Arms un tweischaten Kopp op de Eerd an'n Höllenbargsteen liggen. Ehr eenzig Glück, ehr groote Leev leeg dootschaten to ehr Fööt. Ehr Leven weer tweibraken. Ohn Besinnen lööp se deep in'n Woold. Na 'n poor Weken hebbt twee Jäger de Liek von Stine in'n Diek funnen. Disse Diek is vundaag utdröögt un bloots de Minschen, de sik in de Lohbargen op allerbest utkennt, weet, wo de Diek liggen deit.

Jäger Matten aus Buchholz

Der Vogt aus Seppensen hatte eine wunderschöne Tochter, Stine mit Namen, die dem jungen Jäger Martin aus Buchholz, der allgemein Jäger Matten genannt wurde, von ganzem Herzen zugetan war. Aber der Vogt wollte etwas Besseres für sein Kind und zwang sie, den Oberförster aus Lohbergen zu heiraten, der zudem noch von Adel war. So sehr Stine auch weinte, es half nicht, sie musste den Oberförster zum Mann nehmen. Ihr Leben war von nun an sehr traurig und sie war niemals fröhlich oder gar lachend gesehen worden. Als die junge Frau eines Tages auf dem Weg zu ihrem Elternhaus in Seppensen war, traf sie ihren Matten im Wald. Beide fielen sich in die Arme, weinten und beklagten beider Schicksal.

Da der Oberförster als Adliger des Öfteren in Lüneburg zu tun hatte, nutzten die beiden Verliebten, aber in ihrem Leben doch unglücklichen Menschen, dessen Abwesenheit zu heimlichen Treffen auf dem Höllenberg (39) aus. In der Lohberger Försterei lebte auch ein junger Förster, der der jungen und schönen Oberförsterin gern und oft nach-

Die Wassermühle in Bötersheim.

schaute und sich längst darüber im Klaren war, wie unglücklich die junge Frau verheiratet war. Er stellte ihr eines Tages nach, erlitt aber eine bittere Abfuhr. „Schäme dich, einer verheirateten Frau nachzustellen", schalt sie ihn. Warte, du süße Hexe, ich werde es dir heimzahlen, dachte er bei sich. Er hatte längst den Verdacht, dass die junge Frau sich gelegentlich abends heimlich aus dem Hause stahl. Als er dies wieder einmal bemerkte, schlich er ihr hinterher bis zum Höllenberg. Dort beobachtete er mit eigenen Augen ein Stelldichein, von dem er bisher nur Vermutungen hatte.

Die Gelegenheit zur Rache fand der junge Förster im Herbst, als er mit dem Oberförster auf dem Weg zur Treibjagd nach Bötersheim war. Schweigsam, mit gefurchter Stirnfalte und in tiefe Gedanken versunken ritt der Oberförster neben dem jungen Mann, der ihn schließlich dreist ansprach und die Vermutung äußerte, dass der Oberförster Kummer wegen dessen Frau hätte. Der Oberförster sah den Burschen scharf an und sagte: „Wenn du etwas weißt, berichte!" Nun konnte die verletzte Seele ausplaudern, was sie heimlich erkundet hatte.

Des Oberförsters Plan stand rasch fest. Noch am nächsten Tag verkündete er seinem jungen Weib, dass der Herzog in Lüneburg gerufen habe und er sogleich fortreiten müsse. Eine solche Aussicht war die pure Freude für die in ihren Matten verliebte Stine. Über eine Magd gab sie ihm Bescheid und bat ihn zum Treffen auf dem Höllenberg. Bevor nun aber der Jäger Matten zum Schäferstündchen eintraf, war der Oberförster längst dort und saß, gut versteckt, im dichten Wacholdergebüsch. Wenig später stürmte die junge Frau den Berg hinauf – direkt in die Arme des Geliebten. Dies nun war zuviel für den Oberförster. Noch im Wacholdergebüsch spannte er die Büchse, stürmte hervor, legte gezielt auf Jäger Matten an und drückte ab. Der nun wiederum hatte das Knacken eines Flintenhahns vernommen, riss sein Gewehr eiligst von der Schulter und zielte auf den Feuerstrahl, der aus einem Wacholdergebüsch herausbrach. Stine musste ohnmächtig mit anschauen, wie zu ihren Füßen der Ehemann und der Geliebte tot zusammenbrachen. Völlig verstört und mit gebrochenem Herzen lief sie in den tiefen Forst. Nach wochenlangem Suchen fanden zwei Wildhüter Stine ertrunken in einem unzugänglichen Waldsee. Längst ist dieser ausgetrocknet und nur die besten Kenner der Lohberge wissen, wo dieser Teich einst lag.

10. Karkenslaap

In de Masch hett dat fröher mol 'n Pastuurn geven, de kunn dat op'n Dood nich af, dat Lüüd to'n Slaap keemen, wenn he an't preestern weer. So'n Pastuur hett op de Kanzel von baven jümmers 'n gode Översicht un wenn he de Predigt goot in'n Kopp hett, denn hett he ok Gelegenheit, sien Schaap in de Karkenbänk inkelt in't Viseer to nehmen.

Nu weer dor inst 'n flietigen Karkenlöper, de bi de halv Predigt jümmers to Slaap keem. Dat weer gorkeen olen Keerl. De keem mit sien Jung na Kark, de in de Kunfirmandenstünn weer. Dat frei den Pastuurn op de een Oort, dat'n Vadder mit sien Jung tohoop na Kark keem. So weer de Vadder sien Söhn 'n goot Vörbild. Man de anner Saak weer, dat de Minsch jümmers inslapen dee. De Pastuur harr von de Kanzel ut uk mitkregen, dat de Kunfermand sien Vadder af un an anplieren dee un sik wat grien, dat de Vadder in de Kark jümmers so deep hett slapen kunnt.

Eens Sünndags weer dat för'n Paster nu toveel mit'n Karkenslaap von den jungen Vadder. Na'n Kunfermandenünnerricht nehm he den Jung an de Siet un see to em: „Willem, du hest dat uk al mitkregen, dat dien Vadder in de Kark jümmers merden in de Predigt inslapen deit. Dat mööt wi beiden ännern. Höör to! Wenn du markst, dat dien

Estebrügge im Alten Land.

Vadder wedder de Kopp op de Bost fallt, den stöttst du em mit de Schuller 'n lütt beten wat an. Dat ward he woll marken. Pass op! Wi wüllt tohoop dien Vadder dat Slaapen in de Kark afleern! De annern Lüüd hebbt dat doch uk al mitkregen un se schüllt doch nich över dien Vadder snacken. Man du schallst dat uk nich vör ümsünst doon. Wenn du em waak holen kannst, denn kriggst von mi tokamen Week na de Konfermandenstünn uk'n Groschen."

De Pastuur weer wiss, dat he nu ganz vigeliensch un pädagoosch vörgahn weer un den Jung to sien Hölpsmann maakt harr. Den annern Sünndag seten Vadder un Söhn wedder blangenanner in de Bank, süngen düchdig dat Kyrie un de Leeder, un keeken beid denn uk stuur na baven na de Kanzel, as de Paster an'n Preestern weer. De harr sik dorop instellt, allns, so as jümmers, nipp un nau in't Viseer to nehmen. Warraftig keem dat denn uk so, dat bi Willem sien Vadder toeerst de Oogen wegsacken, achterher de Kopp dat Wackeln kreeg un denn duer't uk nich 'n Minuut, dor weer de groote Keerl inslapen. Nu keek de Pastuur stuur den Jungen an. He keem dorbi meist mit de Predigt in't Verhaspeln. He böög sik op de Kanzel na vörn un keek scharp na Willem rünner. Man de röög sik nich un keek sinnig na sien Paster rop. Den tock de Preester mit de rechte Schuller un maak dorbi so'n gediegen Bewegung na vörn. Bi'n Snacken keek he Willem mit brennen Oogen scharp an un dreih sien Schullern dorbi af un an mit so'n Ruck na vörn, dat nich bloots de Küster dorbi al meist bang weer. Harr de Pastuur dat Jööken op'n Puckel kregen? Ogenschienlich müch he sik nich merden in de Predigt kratzen un jööken. Oder, schull dat angahn, harr de Pastuur dat nu opstunns mit de Nerven?

Na'n Gottesdeenst, bi'n Tschüüß seggen an de Karkendöör, keken veele ut de Gemeen den Pastuurn besorgt an. Man de Lüüd stellen fast, dat he nich krank to ween schien. De Paster weer fründlich as jümmers. De neescheerig Küster wull't denn aver man doch nipp un nau weten, ob den Pastuurn wat plagen dee oder em wat jöökt harr? Jo, dor harr em düchdig wat jöökt, meen de Preester korthannig. „Süh, Herr Pastuur," see de Köster, „ik heff mi doch glieks dacht, dat se sik nich kratzen wulln" – un dorbi lach de Köster denn 'n beten scheneerlich – „un sik amenn noch mit'n Puckel an de Kanzel schüern wulln."

Ländliches Idyll in der Winsener Elbmarsch.

Annern Middeweken weer Kunfermandenstünn un na'n Ünnerricht reep de Pastuur Willem na sik her. „Willem, wat schull denn dat verleden Sünndag? Harrst du't vergeten, wat wi afmaakt harrn? Ik wull di doch 'n Groschen geven, wenn du dien Vadder 'n beten anstötten deest, dat he nich inslapen mücht!" „Jo, Herr Pastuur, wat se dor seggt, dat's woll wohr. Man mien Vadder hett mi twee Groschen geven, dat ik em nich anstötten schull!"

Kirchenschlaf

In einer Kirchengemeinde in der Marsch gab es vor vielen Jahren einen Pastor, der sich geradezu schwarz ärgern konnte, wenn die Gottesdienstbesucher während der Predigt einschliefen. So hatte er auch seinen heftigen Kummer mit einem jungen Vater, der regelmäßig sonntags mit seinem Sohn in die Kirche kam. Dies erfreute zwar den Pastor, aber dass dieser Mensch grundsätzlich während der Predigt einschlief, dass war dem Kirchenmann ein heftiger Dorn im Auge.

Da der Sohn dieses Kirchenschläfers im Konfirmandenunterricht war, nahm der Pastor die Gelegenheit wahr, mithilfe des Jungen dem

Vater den Predigtschlaf auszutreiben. „Willem, es ist doch peinlich, dass dein Vater immer in der Kirche einschläft." Er vereinbarte mit dem Konfirmanden, dass er den Vater immer anstoßen sollte, wenn dieser einzuschlafen drohte. Der Pastor wollte ihm auch eine Belohnung geben, falls Willem ihn tatkräftig unterstützen würde. Immerhin war ein Groschen Lohn zu damaliger Zeit ein nicht so schlechtes Entgelt.

Am kommenden Sonntag musste der Pastor nun zu seinem Leidwesen von der Predigtkanzel aus beobachten, dass Willems Vater zuerst die Augen und schließlich auch der Kopf zu schwer wurden. Er schlief nach wenigen Minuten in seiner Kirchenbank wieder ein. Obgleich Willem den Blick stets auf seinen Pastor gerichtet hatte, schlugen alle Bemühungen des Seelsorgers fehl. Es halfen weder die scharfen Blickkontakte noch die praktischen Handlungsanweisungen in Form von Schulterzucken den Verbündeten zum Handeln zu animieren. Mehrere Gemeindemitglieder und vor allem der Küster schauten besorgt zu ihrem Pastor hinauf. Er würde doch kein Nervenleiden bekommen?

Nach Gottesdienstschluss konnte der Küster es sich nicht verkneifen, den Pastoren zu fragen, ob ihn denn während der Predigt ein Jucken befallen hätte. „Oh, ja", meinte der Pastor, „es hat mich sehr gejuckt!" „Sehen Sie, Herr Pastor, das habe ich mir gedacht. Und Sie wollten sich natürlich nicht an der Kanzel den Rücken scheuern", meinte der Küster recht teilnahmsvoll. Der war jedenfalls zufrieden, dass der Pastor es nicht mit den Nerven hatte. Der Pastor aber nahm nach dem folgenden Konfirmandenunterricht Willem beiseite und fuhr ihn doch etwas ärgerlich an: „Willem, was war denn das? Hattest du unsere Abmachungen vergessen? Ich wollte dir doch auch einen Groschen für deine Bemühungen geben!" „Ja, Herr Pastor, das weiß ich wohl. Mein Vater aber hat mir zwei Groschen versprochen, wenn ich ihn nicht anstoßen würde!"

11. Wat de Musbörger mit'n Litbarg bi Sounsiek to doon hebbt

Dat uns leev Herrgott in ole Tieden, so faken as 't man jichens güng, to Middagsstunn mol op de Eerd daalsteeg, üm sik dor 'n Stremel to verpedden (40), dat hebbt grote Dichterslüüd uns ganz fein vertellt. Wenn't op de Eerd nich so na de Mütz von uns leev Herrgott löpen dee, un he sik de Welt mit eegen Ogen ansehn wull, denn sliek de Düvel so gau as't för em güng achter em her. De weer jümmers dull neescheerig un vull Angst, dat de Herrgott em in sien verdüvelten Intressen Schaaden andoon kunn (41).

So hett sik dat in ganz ole Tiden uk in Musborg todragen. De Herrgott weer dörch dat Dörp kamen un sowat snackt sik rüm. Dat ward denn uk so een gewohr, mit den de Minschen nich so geern wat an'n Hoot hebbt. De, von den hier snackt ward, de Peerhoven statts Fööt hett, de achtern 'n langen Steert in de Büx un vörn spitze Hööms ünnern Jägerhoot versteken deit, de wull mol versöken, in Musborg sien Glück to probeern. Wat den Herrgott bi'n Musbörger Pastuur glückt weer (40), dat wull he bi de Möllersdochder, de smucke Susanna von de Amtsmöhl, risekeern un dat amenn op 'n amoröös Aventüer ankamen laten. Em weer kloor, dat he sik fein rutputzen müss, anners deen se em glieks kennen, denn he wüss, dat de Möller scharp op sien Deern, wat em un sien Fro Glück un Stolt weer, oppassen dee.

De Düvel stolzeer merden an'n Dag op'n Amtsweg in't Dörp rin. He stevel bi Tollers vörbi achterüm üm de Kark un denn över'n lütten Steg langs de Isst op't Amtshuus to. Dorbi fleit he dörch sien swatten Tähn dat Leed „Lütt Anna Susanna, stah op un bööt Füer", wat je goot to em passen dee. He wull sik denn sacht över'n Damm an de Möhlenbrüch posteern. He harr Tiet, wull nix in Hast maken un sik uk blangenbi de Sünn op'n öllerssteven Puckel brennen laten. Mit dat een Oog harr he de Möhl un mit dat anner de Aals in de Isst in't Viseer. De glattgluupschen Aals much he to geern griepen. Jüm denn op't Ööver smieten, wo se denn so dwars un dweer dörch't Gras dwarlen deen – so'n Quäälkraam, dat weer wat vör em!

As sien Been von't lange Töven anfüngen stief to warrn, to sett he den linken Foot op't Brüchenrick, üm sik dat Been to jöken un to masseern.

Ziems Brüch über die Este bei Moisburg.

Wat he nu nich mitkregen harr, dat weer, dat de Möller al 'n Tietlang dörch de Dachluuk keken harr, üm den Frömden in Ogenschien to nehmen. De Möller wüss nich worüm, man he harr keen goot Geföhl, as he den frömden Jäger ansichtig weer. De Keerl dor ünnen gefüll em nich in de staatsche Montuur un den övergrooten Jägerhoot op'n Kopp. „Wat jöökt de sik dat Been?", dach de Möller. In'n sülven Momang seeg he de hoorigen Been un 'n Peerdfoot. He verjaag sik meist op'n Dood, keem aver gau wedder to'n Besinnen. He spüng den Böhnstieg daal so rasch as't güng, reep na Hinnerk, den Möllergesellen, un geev em den Opdrag, in gröttste Iel de Buern ut'n Dörp tohoop to trummeln un uk den olen Pastuurn Bescheed to geven, dat he mit dat Altaarkrüüz kamen schull.

Dat harr nich tein Minuten duert, dor seeg de Düvel de Musbörger Buern, een na'n annern, mit Messforken, Seeßeln un Twicken övern Damm anlopen. Een von de Buern harr 'n överlang Iesenstang in de Fuust un sik 'n grooten String över de Schullern smeeten. De Düvel weer keen Dussel un wüss nipp un nau Bescheed, wat sik dor tohoop brauen dee. Op de Straat utnehn güng nich, de Buern keemen von beid Sieden över'n Damm. As he denn uk noch den ool Gries von Pastuurn achter't Amtshuus mit dat Altaarkrüüz bavenkopps ansichtig weer un em „Verzage nicht, du Häuflein klein" luut süngen höör, dor jump he över't Brüchenrick, sprüng op dat Möhlenrad un fohr mit't Möhlenwater in'n Nacken daal in de Isst. Dat lopen Möhlenrad weer noch sien Glück, denn de olen Been harrn den Sprung von ganz baven wiss nich överstahn. Nu, in't Water, güng dat Loopen man uk nich so flink för den olen peerhoovigen Knecht. Man, miteens weer all dat stuckelich Gahn vörbi! He büx ut, dat't in de Isst man bloots so sprütten dee! Nu ward jedeen sik aver goot vörstellen können, dat de Musbörger Jungbuern barbeent 'n Foot flinker as de Düvel weern.

Na'n Stremel harrn se von Luzifer Hoot un Jack faat, man de Düvel sprüng wieder. As se em dat tweete Mol grepen harrn, lang een von de jungen Lüüd na de Büx un hett em ünnerdükern kunnt. De Düvel rulloog, pruust un snööv as'n Üüzpogg in Aadboors Snavel (42). Mit veel Knööv in de Knaken sett he sik to Wehr un möök sien Watersprüngloop ohn Büxen wieder. Wedder kregen se em faat un dat Balgen in de Isst hett as dull toovt. De Jungs hollen em woll mit dree Mann fast, man de Düvel stünk ut de Rippen na Svevel un Pick un ut'n Hals na suur Melk, dat't nich to'n utholen weer. De Jungkeerls müssen sik jümmers wedder de Nees toholen un dat weer de Gelegenheit för Luzifer to'n Utkniepen. De Haudegen weern nämlich bilütten op de Hööchd von'n Karpendiek ankamen. Dor seeg de Düvel 'n best Gelegenheit un stört sik in't Water von Papes Diek. Nu weer he miteens vör de Jungs ehr Ogen verswunnen. Se prökeln mit lange Stöcker alln's af, hebbt aver gottsleider bi't Prökeln un Stökern den Mutt so opwöhlt, dat de Klöör von't Water jümmers swatter warrn dee. De Düvel seet mang de Karpen un rüppel un röög (43) sik nich.

Bilütten weert pickendüüster worrn, dat de Buern suursööt un muulsch na Musborg trüch güngen. De Düvel hett töövt bit se afrocken weern, steeg ut't Water, klei sik den Mutt ut'n Pelz un denn suus he af na'n Westen to, na de Stoder Siet röver (44). He harr sik al in'n Diek mang de Karpen tosworen, de Musbörger de Drangsalitäten gegen em duppelt un dreefach trüch to betahlen. Den Möller sien Susanna harr he bi de Pien al lang vergeten, as he op dat groote Flack twischen Beekdörp, Remnoh un Kommerbusch tostüer. Dor wull he sik dat nöödig Sandwark rutkleien, üm de Mussbörger Lex to wiesen (45). He seet de Peerfööt op'n hoogen Bocksbarg bi Beekdörp af. Von dor harr he 'n gode Översicht. As 'n Generol op'n Kriegsherrnhückel stünn Luzifer un legg sik 'n düveligen Plaan trech.

Bi de Gelegenheit schull't nich vergeten warrn dorop hentowiesen, dat de Barg von de Beekdörper sinnigerwies tomaals ümdöfft worrn is in Bocksbarg. Vondaag heet he jümmers noch so, wat de Beekdörper hooch antoreken is, dennso ward dat gresig Doon von'n Düvel nich vergeten.

Luzifer laad sik op'n Puckel, wat he faat kregen kunn an Eerd un Steen. Uk Bööm un Wrien mangeleer he twischen all den Backbeermoos. Mit de unbannige Last stevel he nu na Oosten op Musborg to. Kiek! Dat harr he sik schient's fein överleggt, mit all den Schiet na Musborg to klabastern (46) un de armen Minschen to verschrecken. He harr sik vörnahmen, von'n Hexenbarg (47) mit gresig Bölken all den Backbeermoos, wat he ranslepen harr, in de Isst daal suusen to laten. Dat duer för wiss keen dree Stünnen, un de Musbörger weern elennig in jümehr Butzen (48) versapen. De Isst schull wiss in korte Tiet allns ünner Water setten. Dor, wo de Düvel dat grote Lock utkleit hett, hebbt sik to latere Tieden denn de Water von'n Dannsee inricht. Dor hett bekanntlich de Ridder Hinrich von Borch, de Isern Hinnerk, sien Waterborg hatt.

Man dat Wullen is dat Een, dat Können is dat Anner. As de Düvel man jüst so'n Stremel von üm un bi dreedusend Treed sik afmaracht harr, weern em Fööt un Arms swack un lahm. He sack daal, disse swoore Last kunn he nich vörto kregen. He smeet den grooten Hümpel op'n Weg twischen Beekdörp un Sounsiek mit Schandfudern (49) daal un neih mit Suusen mit Bruusen na sien glöönig Tohuus.

Wat hebbt de Sounsieker, de över Nacht dat Dönnern woll hoört harrn, annern Morgen verstutzt keken! Wat weer dat? Vör dat Dörp stünn miteens 'n Barg grootmächtig merden op'n Fellen. Dissen Barg hebbt de Sounsieker denn achterna den Litbarg (50) nöömt. Veel later, in dat Johr 1824, hett de Litbarg den hannöberschen Landmeter Carl Friedrich Gauß noch veel Freid bröcht. Von'n Litbarg kunn Gauß bit na Altona mit sien Glöös in de Feern kieken un dat hett em denn holpen, den hannöberschen König op'n Handbreet nipp un nau de Grött von't ganze Königriek Hannober uttoreken. Dordörch harr de Litbarg so'n Bedüüden kregen, dat de Regeern von dat vereenigte

Blick vom Litbergturm auf Sauensiek.

Düütschland in Berlin em 1991 op'n Tein-Mark-Schien 'n Denkmol sett hebbt.

Hüüt steiht op'n Litbarg 'n Torn, de noch mennich Wannerslüüd un Frünnen von uns Landschaap veel Freid maken ward. Von dor kann een den Karktorn von St. Viti in Zäben sehn, den Wilser Barg, Blanknees un den Michel in Altona. Un Musborg? Eegentlich hebbt wi dat de tapper Kraasch von de Musbörger to verdanken, dat't överhaupt 'n Litbarg geven deit. De is nu mit sien 65 Metern de hööchste Barg in'n Kreis Stood. Mi dücht, de Musbörger schull uk 'n Denkmolsteen op'n Litbarg to'n Andinken an jümehr Kuraasch gegen den Düvel sett warrn.

Was die Moisburger mit dem Litberg bei Sauensiek zu tun haben

In alten Zeiten kam unser Herrgott zur Mittagszeit immer mal zur Erde herunter, um nach dem Rechten zu sehen. Dies ist uns von großen Dichtern (40 und 41) wunderbar erzählt worden. Dem Teufel war dies allerdings überhaupt nicht genehm, denn er war stets voll Sorge, dass der liebe Gott ihm sein scheußliches Handwerk verdarb. So war es einst auch in Moisburg. Der Teufel wollte sich die schöne Müllerstochter von der Amtsmühle näher besehen und vielleicht ein amouröses Abenteuer wagen. Er putzte sich fein heraus und tat dies für gewöhnlich mit seiner besonders eleganten Jägeruniform. So kam er vom Amtsweg direkt zur Moisburger Mühle und stellte sich dort auf die Estebrücke. Mit einem Auge beobachtete er die Fische in der Este, mit dem anderen hatte er die Mühle fest ins Visier genommen. Beim langen Warten wurden ihm die Beine lahm und er setzte abwechselnd einen Fuß auf das Brückengeländer, um sich die Waden zu massieren. Das war recht leichtsinnig, denn er wurde bei seinem Tun vom Müller beobachtet, der aus der Dachluke der Mühle herausschaute und schon längere Zeit sehr argwöhnisch den herausgeputzten Fremden auf der Brücke beobachtete. Das blanke Entsetzen packte ihn, als er die behaarten Beine und den Pferdefuß erkannte. Sofort und in allergrößter Eile schickte er seinen Gesellen in das Dorf, dass die Bauern schnellstens bewaffnet kommen mögen, um sich des Teufels zu bemächtigen. Auch den Pastor solle der Geselle herbitten.

In kürzester Zeit kamen über den Damm die Bauern aus beiden Richtungen, bewaffnet mit Mistforken, Sensen und einem starken Seil. Sofort ahnte der Teufel, was hier gespielt wurde und fühlte sich in die Enge getrieben. Als er schließlich auch noch den Pastor mit hoch erhobenem Altarkreuz den Choral „Verzage nicht, du Häuflein klein" laut singend um die Ecke des Amtshauses kommen sah, war er mit einem Sprung auf dem Mühlenrad und fuhr mit diesem hinunter in die Este. Dem flüchtenden Teufel aber setzten die barfüßigen Moisburger Jungbauern geschwind nach und hatten ihn bald eingeholt. Auch wenn es ihnen gelang, den Teufel immer mal wieder unter Wasser zu drücken, so konnte er sich doch auch stets befreien und die Flucht im Fluss in Richtung Daensen fortsetzen. Endlich gelang es den Moisburgern, ihn zu Dritt festzuhalten und unter Wasser zu drücken. Aber den widerwärtigen Gestank des Teufels nach Schwefel und Pech konnten sie nicht lange aushalten und mussten sich die Nase zuhalten. Diese Gelegenheit nutzte der Teufel, sprang aus der Este in einen Karpfenteich und verbarg sich dort im trüben Wasser. Alles Suchen und Herumstochern mit Stangen und Forken verschlimmerte nur die Wassertrübung. Resig-

Blick aus einem Fenster der Moisburger Wassermühle auf das Mühlenrad.

niert gaben die Burschen in der Dunkelheit auf und gingen zurück ins Dorf. Während der Teufel zwischen den Karpfen auf seine Rettung wartete, hatte er sich schon überlegt, wie er furchtbare Rache an den Moisburgern nehmen wollte.

Er fuhr mit Brausen über die Este auf die Stader Seite bis in die Gegend nach Beckdorf. Dort stand er schließlich auf einem Berg, den die Beckdorfer später den Bocksberg genannt haben, zur ewigen Mahnung an Luzifers schändliches Treiben. Der Teufel schritt rasch zur Tat. Aus einer großen Landfläche zwischen Beckdorf, Revenahe und Kammerbusch klaubte er Unmengen von Sand und Geröll zusammen, um diese Fracht vom Moisburger Hexenberg (47) hinunter in die Este zu schmeißen. Dann würde es keine drei Stunden dauern, bis die Este alles unter Wasser gesetzt hätte und die Moisburger in ihren Butzen elendig ertrinken würden.

Dort, wo der Teufel nach seiner Arbeit ein tiefes Loch hinterlassen hatte, ist später der Dannsee entstanden, in welchem Ritter Heinrich von Borg, de Isern Hinnerk, seine Wasserburg baute. Als der Teufel mit seiner unvorstellbar schweren Last unterwegs nach Moisburg war,

Zahlreiche Wildgänse und Enten bevölkern „Papes Teich" bei Moisburg an der Este.

verließen ihn recht bald die Kräfte. Er konnte nicht weiter gehen und warf mit grässlichem Fluchen den Sandhaufen in der Nähe von Sauensiek ab. Zwar hatten die Sauensieker den nächtlichen Lärm gehört, ihr Staunen anderntags war aber unbeschreiblich. Ein gewaltiger Berg lag vor ihrem Dorf. Sie nannten ihn den Litberg (50) und freuten sich später darüber, wie berühmt dieser Berg noch werden sollte. Der hannoversche König entsandte nämlich im Jahr 1824 seinen Landvermesser Carl Friedrich Gauß nach Sauensiek, dass er von dort aus die Größe des Königreichs Hannover auf den Quadratmeter genau berechnen sollte. Schließlich wurde dem Litberg im Jahr 1991 noch die Ehre zuteil, den deutschen 10-Mark-Schein zu zieren und damit weltweit bekannt zu werden. Jetzt steht ein wunderbarer Aussichtsturm auf dem Berg und erfreut alle Besucher. Eigentlich fehlt dem Litberg nun lediglich ein Gedenkstein zu Ehren der Moisburger, denn deren tapferes Verhalten hat ja schließlich die Entstehung dieses höchsten Berges im Kreis Stade bewirkt.

12. Ostara un de Hungerpohl in Unnel

Miehr as dusend Johr is't al her, dor weer op 'n Hoff in Unnel 'n lütt Deern op de Welt kamen. De Buerslüüd, de sik al lang 'n Kind wünscht harrn, weern överglücklich. Man se hebbt sik, as dat Kind 'n poor Weken oold weer, bannig verjaagt, wieldat de lütt Deern kranke Ogen harr. Se hett nix sehn kunnt, de Deern weer blind. Kloke Froons, de na jüm ielt sünd, hebbt uk meent, de lütt Deern kunn nie nich wat sehn, so trurich dat uk weer. Man de Öllern hebbt ehr liekers leev hatt, hebbt ehr pleegt un hööd, wieldat de Lütt ja man uk dat eenzig Kind weer.

Dat is inst an't Fest von de Göttin Ostara (51) ween, as de Natur na 'n gresig koold Winter wedder upwaakt is. Larken un Kiwitt weern ut'n Süden trüch un all de Lüüd hebbt sik över de warm Fröhjohrssünn freit. Dor nehm de Mudder ehr lütt Dochter, de tomols woll veer Johr old ween is, an de Hand un güng mit ehr över de eensam Heid op Wäsel to.

Se vertell von de hogen Bööm, von Boddervagels, de över Wischen un Wegen küseln, wies de lütt Deern op de singen Vagels hin un vertell ehr von de warm Sünn, de all de Blomen wedder to'n Leven bröcht harr. Uk wenn de lütt Deern blind ween is, weer se doch bannig plietsch un hett hellwaak tohüürt. Sehn hett se von all de wunnerbor Herrlichkeit op de Eerd nix, man de Mudder weer wiss, dat ehr Kind bi all de Klookheit, de se openbar mitkregen harr, veel dörch deepe Geföhlen begriepen dee. Aver an de Truer von de Mudder hett dat uk nich veel ännern kunnt.

De truerig Mudder kreeg uk buten in'n Sünnschien wedder gräsig Wehdaag över dat böös Loos von ehr Dochter. Un as faken mol avends un bi Nacht, füng se dat Weenen an, wieldat se ehr arm un blind Kind nich helpen kunn. Dat hett uk de lütt Deern markt un dor fraagt se: „Mudder, över wat weenst du?" Un ehr de Mudder sik op 'n Antwurt besunnen harr, treed blangen de beiden 'n Fro in'n lang, sneewitt Tüüch ut'n Barkenwriet rut, böhr de beiden Arms in de Hööchd un bedüüd, de Mudder schull stahn bleven. Man an ehr lang, in Zöpp bunnen Hoor, dat langwitte Kleed un de goothartigen Ogen harr jedeen sehn kunnt, dat se nümms anners weer as 'n goode Fee.

In der Heide zwischen Undeloh und Wesel.

As de Mudder heel verbaast un vull Wunnern dorstünn, snack de Fee mit fiene Stimm: „Wees nich bang vör mi! Ik heff von dien Hartpien höört, un ik will geern helpen. Vundaag geiht de holde Göttin Ostara dörch Woolden, Wischen un Feller. Se ward dörch Auen un an Beken langs gahn un all de Tiern ward Ostara Hölp geven un Ehr tokamen laten. Ji Minschen könnt Water in mennicheen Born finnen, dat wunnerwarken kann. Uk hier, achter dat Dörp unnen in'n Ellern- un Wichelnloh" – un dorbi wies de goode Fee na Unnel rünner – „löppt ut'n Born so'n Wunnerwater rut. Gah na'n Born un maak mit dat hillig Water de Ogen von dien lütt Deern natt. Du warst gau wies, dat dien Kind in sülven Ogenblick kieken kann!" Kuum dat se dat letzt Woort snackt harr, weer de wittkleed Fee al wedder in'n dichten Wriet verswunnen. De Mudder hett ehr nich een Fraag stellen kunnt, so flink weer se gahn.

Nu iel de Fro, ehr lütt Deern jümmers fast bi de Hand, rasch na'n Born. Kiek an! Water leep dor hell un kloor rut, un dat blenker meist as schier Sülver in de Morgensünn. De Mudder hett sik daalsett, ehr Kind op'n Schoot. Se düker twee Finger in't Bornwater un streek de lütt Deern eerst op de rechte Siet un achterher op de linke Siet över de blinnen Ogen. As de natt weern, keek de Deern den sülven Ogenblick verwunnert in de Welt. „Mudder, all wat du mi vertellt hest is wohr! Kiek de geelen un lütten blauen Boddervagels an, se küselt jüst so in'n Wind, as du mi dat seggt hest." De Fro wüss ehr Glück schier nich to faten, knee op de Eerd daal, böhr ehr Arms na de Sünn anhooch un snack mit Dank un ünner Tranen warmhartig Wöör to de Göttin Ostara, de ehr ogenschienlich de goode Fee schickt harr. Flink iel de Mudder, mit Traanen, de ehr vör Glück de Backen daal löpen, mit de Dochter trüch in't Dörp na Huus.

In dat Dörp is groote Freid ween över dit Wunnerwark an'n Fröhjohrsmorgen un all de Lüüd sünd kamen, üm de lütt Deern un de Öllern Glück to wünschen. „De Fee mutt uns Dörp kennt hebben", meen de Buersfro to ehr Naverschen. „Se hett von de Wäseler Heid in uns Richt wiest un denn uns Dörp ‚dor unnen in'n Loh' nöömt!"

Siet de Tiet gull de Born achter Unnel för hillig. Uk Kaiser Karl de Groote hett von em höört un keem op'n Weg von Hulnst na Bewick in Unnel vörbi. He wull sik de Hannen natt maken un dat Gesicht

St. Magdalenen in Undeloh.

rein waschen. Man in dat Johr, as he dörch de Heid reden is, weer de Born jüst ganz un gor utdrögt. In dat Johr hett dat aver 'n allerbest Oarnt geven. Un denn sünd de Lüüd in Unnel dor gau achter kamen. Dat weern jümmers bannig slechte Johrn för de Buern, wenn de Born veel Water harr. Weer he avers utdrögt, denn geev dat 'n godes Johr. Worüm dat so verquer weer, dat wüss sik keeneen to verklaren. Faken hebbt Kooplüüd ut Hamborg un Lümborg Deenstlüüd na Unnel schickt de müssen nakeken, wat de Born achter't Dörp veel oder wenig Water harr. Dorna hebbt se den de Priese vör dat Kuurn fastsett. So is de Born to den Naam Hungerdiek (52) kamen. Man in Unnel heet de Stee achter't Dörp op good Platt de Hungerpohl.

Ostara und die Hungerquelle in Undeloh

Es ist schon mehr als tausend Jahre her, da wurde auf einem Bauernhof in Undeloh ein Kind geboren. Die Eltern waren außer sich vor Freude, hatten sie sich doch so sehnlich ein Kind gewünscht. Bestürzt waren sie aber, als sich herausstellte, dass das kleine Mädchen blind war. Doch die Liebe der Eltern war zu groß, als dass nicht doch der Kleinen alle Zuneigung zuteil wurde. So wuchs sie behütet heran. Als nach einem langen und sehr kalten Winter es endlich Frühling geworden war, nahm die Mutter ihr Kind an die Hand und ging mit ihr im warmen Sonnenschein über die stille Heide auf Wesel zu. Der aufgeweckten Kleinen erzählte die Mutter von den Blumen und Tieren ringsum und beschrieb die bunten Farben der Schmetterlinge. Wenn das Kind dann die klügsten Fragen stellte, befiel die Mutter immer wieder großer Kummer und viele stille Tränen weinte sie fast jeden Tag. Auch an diesem Tag war es so, dass sie trotz aller Freude immer wieder den Schmerz über die Blindheit der Tochter empfand. Plötzlich trat aus einem Gebüsch eine hell gekleidete Gestalt, die ihre Arme emporhob und die Frau zum Stehen aufforderte. „Hab keine Angst vor mir! Mich schickt die holde Göttin Ostara (51) zu dir, um dir und deinem Kind zu helfen. Heute geht Ostara durch Wälder und Fluren, empfängt die Ehrbezeigungen aller Tiere und wird auch entlang der Flüsse wandeln und Segen spenden. Ihr Menschen werdet Quellen mit Heilwasser finden, welches Wunder bewirken wird. Gehe du hinab in das Dorf, welches dort unten im Erlen- und Weidenloh liegt. Hinter dem Dorf sprudelt eine Quelle. Damit wies sie auf Undeloh und verschwand so rasch sie gekommen war vor den Augen der erstaunten Mutter. Die eilte mit ihrem Kind hinab nach Undeloh zu der von der Fee genannten und hinter dem Dorf liegenden Quelle. Sie netzte die Augen des Kindes mit dem Quellwasser und im gleichen Moment schaute das Kind mit fröhlichen und offenen Augen erstaunt in die Welt. „Mutter, es ist alles so, wie du es mir beschrieben hast! Schau, die bunten Schmetterlinge schaukeln im Wind, wie du es mir erzählt hast!" Die Frau wusste ihr Glück kaum zu fassen, sank auf die Knie und dankte Ostara für die Hilfe.

Mutter und Tochter eilten zurück nach Haus, alle Menschen des Dorfes an ihrem Glück teilnehmen zu lassen. „Die Fee muss Undeloh gekannt haben, denn sie zeigte hierher und sprach vom Dorf ‚unnen im Loh'". Seit dieser Zeit galt die Quelle als heilig. Als viele Jahre später Karl der Große auf dem Weg von Hollenstedt nach Bardowick sich die Hände im Wunder wirkenden Quellwasser waschen wollte, war alles ausgetrocknet. In dem Jahr gab es aber eine reiche Ernte. Und das hatten die Undeloher bald beobachtet: Immer wenn die Quelle ausge-

Der Ortseingang von Undeloh.

trocknet war, gab es gute Ernten. War sie aber voll Wasser und spendete reichlich vom kostbaren Nass, dann gab es schlechte Ernten und Hungersnöte kamen. Oft haben Kaufleute aus Hamburg und Lüneburg Boten nach Undeloh (52) gesandt, um nachzuschauen, wie viel Wasser die Quelle wohl führen möge. Hatte sie viel Wasser, dann drohte eine schlechte Ernte, war sie versiegt, dann versprach es eine gute Ernte zu werden. Das war sehr merkwürdig und nicht zu erklären, aber die Kaufleute richteten nach dem Wasserstand der Quelle viele Jahre lang den Getreidepreis aus. So wurde diese Quelle schließlich die Hungerquelle genannt. In Undeloh heißt sie aber in gutem Plattdeutsch der Hungerpohl.

13. Riesen maakt Dummtüüch
oder: Woans de Seev to'n nee Well kamen is

De Seev löppt dwars dörch 'n Landkreis Horborg. In ganz ole Tieden is de Seev jüstemang von'n Wilser Barg kamen. Vundaag hett se ehrn Born in de Neeg von Wählen. Bi'n Krüsbarg, glieks achter dat Dörp, liggt 'n poor lütte Dieken. Dor kann een dat Water von de Seev ton iersten Mol goot sehn. Wo dat nu kamen is, dat de Seev nich mehr von Wilser Barg kummt, schall nu vertellt warrn. Dat hett direktemang wat mit den Sousdörper (53) Riesen to doon, de in dat Daal von de Luh sien Tohuus harr. Wat dat nu mit de Seev un ehrn Loop todoon hett, dat is 'n ganz besünners gediegen Geschicht, de sik in oorole Tieden afspeelt hett.

As in uns Gegend noch de grootmächtigen Riesen togangen weern, dor hett dat uk jümmers mol 'n Striet twüschen de böömgrooten un hoorigen Gesellen geven. De Riesen sünd so afsünnerlich stark ween, dat se uk mol ahn groote Möh Eeken un Böken rutreten, wenn se so recht in de Brass weern. Mit utwussen Böm hebbt se sik gegensietig wat op't Fell kloppt.

Ein alter Hof in Wehlen in unmittelbarer Nähe zur Seevequelle.

Inst harr de Ries ut de Lohbargen 'n dullen Striet mit een von sien Navers. De weer noch veel grötter as he sülbst. Disse groote Ries leevd op de anner Siet von de Elv. Achtern Süllbarg bi Blanknees weer sien Tohuus. De Ries op'n Süllbarg is 'n ganz düveligen Spitzboov ween, een, de jümmers Dummtüüch in'n Kopp harr un sien Navers to geern argern müch. Faken, wenn em de Habern mol so recht wedder steken dee, smiet he von dat hooge Elvööver groote Steen un 'n Masse Kies un Sand in dat Möhlenbarger Lock, jüst an de Steed, wo de Isst (54) bi Cranz in de Elv rinwatern deit. Sien Freid weer, op de Oort un Wies sien Navers to piesacken. So'n snaaksche Lüüd hett dat uk al to de Tieden von de Riesen geven. De Frömmste kann je nich in Freden leven, wenn't sien Naver nich passen deit!

Wenn vör de Snuut von de Isst so'n grooten Hümpel Steen un Sand to liggen keem, denn kunn dat nich gootgahn! So hett't denn meist uk nich lang duert, dat de Wischen twüschen Buxthu un Hulnst, de den Lohbarger Riesen tohören deen, vull Water löpen. Wenn dat ganz leeg för'n Lohbarger keem, denn harr he dor Hau för 't Veeh liggen, un dat verdreegt dat Nattwarrn nu je gornich. Denn müss de Lohbarger sik glieks op'n Padd maken. Goot, dat't to de Tiet Buxthu noch nich geven dee. De Lohbarger harr in sien Hast un Iel amenn mol de Buxthüder Kark daalstevelt, wenn he dörch dat natte Sumpland na de Elv to jachtern dee. He müss flink de Isst all den Sand ut de Snuut kleien, dat se frie keem un wedder düchdig lopen kunn. Mennich Steen ut de Tiet liggt noch hüüt op'n Grund von de Elv. Uk de Boolüüd, de den Elvtunnel utbuddelt hebbt, könnt betüügen, dat se jümmers wedder op de beestig grooten Steen stött sünd.

Wenn de Lohbarger sik dor an de Isst afmarachen dee, denn seet de groot Süllbarger bi'n Klövensteen (55) achter Rissen un lach sik wat. „Tööv, du Aas, ik warr di wat", schimp de Lohbarger na em röver un smiet em uk woll mit 'n grooten Findling. Man de Süllbarger weer so stark, de greep sik de fleegen Steen al in de Luft, sortier de Steen fuurts na de Grött un legg jüm denn bisiet op sien Steenlaagerplatz. Wenn he Tiet un Lust harr, klopp he de Steen denn an'n anner un klööv jüm in lütte Stücken. So is uk de Klövensteen to sien Naam kamen, un de Süllbarger Ries harr wedder Materiol för sien neegsten Spooß. De Lohbarger sunn lange Tiet doröver na, op wat för'n Oort

Denkmal des Riesen Bruns in Hanstedt.

un Wies he den Süllbarger mol wat op Fell geven kunn. Alleen keem he gegen den Briet (56) nich gegenan. To söch he üm Hölp bi sien annern Navers na.

Nu weer in de ganze Gegend twüschen den Horz, de Wingst, de Hüttener Bargen bi Sleswig un den Bungsbarg an de Oostsee nich een Ries dorbi, de so stark as de Süllbarger weer. De Luhries weer ehrer een von de swacke Oort. Un de Flinkste weer he al lang nich. He harr sik mol mit den Ries ut de Heidmark slaan un bi'n Kloppen un Steensmieten 'n bannig grooten Kavenzmann op'n Foot kregen. Dorüm weer he bi'n Loopen na korte Tiet meist paddlahm. Wat schull de Lohbarger maken? Alleen kunn he dat mit 'n Süllbarger nich opnehmen, tominnst een Hölpsmann müss her.

He schick sien Fro ierst na de Luh un achterher na'n Otterbarg (57). Se schull 'n Drepen von de Heidriesen an'n Wilser Barg künnig maken. Uk de von'n Weyherbarg ut'n Düvelsmoor schull op leevst mit dorbi ween. Dat weer ünner de Heidriesen jümmer vertellt, dat de Weyherbarger den grootmuuligen Elvriesen sien Leevdag nich lieden müch.

Jüst den Dag, as dat Drepen ween schull, hett dat as dull regent un störmt. Dat weer al laten Harvst, un de iersten Sneewulken harrn sik uk al in't natte Weer mit rin vermengeleert. Dat weer wiss keen goden Dag för 'n Versammeln an Wilser Barg, wo de Wind jümmers besünners stark över de Heid puusten dee.

Na, de Sousdörper stevel to Huus los, gegen den störmen un natten Wind an. Bi so'n Weer harr he sik warraftig levers an't warme Füer opholen. För sien lahm Foot weer de Küll överhaupt nix. De Wehdaag mööken em to schaffen. Man he wull dat Drepen mit de annern nich verpassen, hoff he doch, bi de Gelegenheit goot Weer bi'n Lohbarger to maaken. He wull 'n olen Striet mit em ut de Wilt schaffen un mit sien Naver op leevst 'n Verdrag maken. De Seev schull för alle Tieden de Grenz twüschen jüm ween. Keeneen schull achterher op den annern sien Grund un Bodden op Jagd gahn, üm sik Hartbuck, Boor oder uk 'n anner Wildbratt to griepen.

Mit disse Gedanken in Kopp keem he op'n Wilser Barg an. Dor weer aver keeneen! He tööv un kiek na Noorden ut. Uk dor, nix as Regen un Sneeschuer. In Gedanken hett he veel an de Riesen Bruns un Wils dacht, wat welk von sien Vörfohrn ween weern. De Ries Bruns harr in'n deepen Garlsdörper Woold bi Hanstää leevt. As sien Ahnherr Wils mol 'n deegten Striet mit'n Ries ut Schülern harr, is dorbi de Wilser Barg entstahn (58). Bi dit Överleggen versöch he 'n Tiet lang, sik achtern Wilser Barg de Fööt warm to pedden. He dreih uk de Fööt jümmers op'n Grund hin un her un schüer den Sand op. An de Steed find wi hüüt den Dodengrund, de – as wi dat weet – deep in'n Grund liggen deit.

Bi sien Tööven un Pedden is he uk döstig worrn un hett an'n Wilser Barg Water ut'n Seevborn drunken. Un jümmers hett he wedder luert un opkeeken, wo de annern afbleven deen. Dat weer bilütten al Schummern worrn un keen Lohbarger Ries un keen von de annern weer to sehn. Bi sien Rümlopen un Rümpedden is opletzt de Born von de Seev to Schaaden kamen. He harr dat Water, wat jüst an de Noordkant von Wilser Barg rutstrullen dee, deep in de Eerd verpedd. An'n annern Dag aver harr de Seev sik al 'n nee Steed för ehrn Loop söcht. Keen dree Kilometer wiet weg, glieks achtern Sand von Heimbuch, hett dat Auwater sik nee inricht. Amenn weer de lütt Au dat sogar

Der Gedenkstein am Hanstedter Platz.

ganz goot topass kamen, dat se dor 'n nee Born funnen hett. In dröge Sommertieden harr se al jümmers Last hatt, sik dörch den drögen Sand bi Einem un Heimbuch to quälen. Wat de Sousdörper Ries nu noch den Verdrag mit den Lohbarger op de Reeg kreegen hett, dat steiht narms schreven. Wi hebbt uk nie nich to weten kregen, wat ut dissen Brief achtern Süllbarg worrn is.

Wiss is aver överliefert, dat de Ries von de Luh, de op sien Naver von de Est töövt hett, de Seev ehren rechten Loop geven hett. Jedeen, de sik von de Richtigkeit von disse Geschicht övertügen will, de bruukt bloots von Inzmöhlen langs de Seev na Wählen to lopen. He find glieks achtern Dörp de Borns von de dor noch ganz lütten Auwater von de Seev. Un so könnt wi faststellen, dat wi dat den Luhdaler Riesen to verdanken hebbt, dat de Seev 'n waschechten Horbörger Stroom is. Well un Münn liggt in'n Kreis Horborg, un harr de Sousdörper de lütt Au an'n Wilser Barg nich verpedd, keem de Seev hüüt ut'n Naverkreis Soltau-Fambossel.

Süh, un dat schullen de Lüüd in uns Heimaat man op jeden Fall weeten, wenn se jichenswo an't Ööver von de Seev stahn doot un mit Freid sik dissen flinken Heidstroom bekieken doot.

Die Hanstedter Aue, der größte Zufluss der Seeve.

Riesen treiben Unfug
oder: Wie die Seeve zu einer neuen Quelle kam

Die Seeve verläuft quer durch den Landkreis Harburg. Sie hat ihre Quelle in der Nähe von Wehlen, nah am Krüsberg. Dies war nicht immer so und es hat direkt mit dem Soderstorfer (53) Riesen aus dem Luhetal zu tun, der allerdings auch nicht ursächlich verantwortlich gemacht werden sollte. Was dies nun mit der Seeve, dem wahrhaft waschechten Harburger Fluss zu tun hat, das soll in dieser Geschichte geklärt werden.

Früher waren bekanntlich geradezu hünenhafte Riesen in unserer Gegend zu Hause, die allerdings, wie wir Menschen, längst nicht frei von Streitereien waren. So erging es auch dem Riesen aus den Lohbergen, der mit dem durchtriebenen und beständig zu Schabernack aufgelegten Elbriesen dauerhaft in Fehde lag. Wenn es den Süllberger mal wieder so recht juckte, dann warf er mir nichts dir nichts jede Menge

Sand und Gestein ins Mühlenberger Loch oder gar bei Cranz direkt vor die Estemündung. Das konnte nicht gut gehen, denn es staute sofort den Lauf der Este bis weit über Buxtehude hinauf. In der Folge setzte die Este die Heuwiesen des Lohbergers bei Hollenstedt unter Wasser, was diesen Riesen zur Weißglut trieb und sofortiges Handeln verlangte. Er musste umgehend und eiligst die Estemündung frei machen, um dem Fluss ungehinderten Lauf zu ermöglichen. Dies amüsierte den Elbriesen, der lachend am Klövensteen (55) bei Rissen saß und den Spaß genoss. Wenn der Lohberger dann wütend dem Süllberger drohte und ihn auch mit großen Findlingen bewarf, dann bekümmerte dies den Lümmel überhaupt nicht. Ganz im Gegenteil, er fing mit Freude die heransausenden Steine bereits in der Luft auf und sortierte sie nach Größe auf seinem Steinlagerplatz am Klövensteen. Wenn ihm danach war, zerkleinerte er sie angelegentlich, um wieder Material für seine nächsten Scherze zu haben. So erhielt Klövensteen bekanntlich seinen Namen.

Der Lohberger sann lange darüber nach, wie dem Elbriesen beizukommen wäre. Der war so ausnehmend stark, dass es nur mit einem kleinen Riesenheer gelingen würde, ihn zu bändigen. Zwischen dem Harz und der Wingst, den Hüttener Bergen und dem Bungsberg an der Ostsee gab es so große Riesen wie den von der Elbe einfach nicht.

„Der Alte Schwede", ein Findling, liegt am Övelgönner Strand.

Eine Elbfähre vor der Estemündung. Rechts im Bild befindet sich bei Ebbe das Mühlenberger Loch. Auf der anderen Elbseite liegt Blankenese.

Also lud der Lohberger Riese zu einem Riesentreffen auf dem Wilseder Berg ein. Der Luheriese, der sich bei der Gelegenheit einen Friedensvertrag auf alle Zeiten mit dem Lohberger erhoffte, war der erste, der sich am Wilseder Berg einfand. Grässlich war allerdings das Wetter an diesem Spätherbsttag. Ein scharfer Wind trieb Regen und Schnee zugleich über die Heide. Solch eine nasse Kälte war überhaupt nichts für den Luhetaler und es schmerzte ihn bald in den Füßen. Droben am Wilseder Berg musste er viel an seine Vorfahren denken, die Riesen Bruns und Wils. Der Riese Bruns hatte im tiefen Garlstorfer Wald bei Hanstedt gelebt. Dem Ahnherrn Wils war das Entstehen des Wilseder Berges zu verdanken (58), als er sich in einem Scharmützel mit einem Riesen aus der Gegend bei Schülern mit gewaltigen Sand- und Steinmengen beworfen haben soll. Beim Warten auf die anderen Riesen trat der Soderstorfer Riese von einem Bein auf das andere, einerseits um die Füße zu wärmen, andererseits aber auch aus Ungeduld über die Säumigen. Dabei trat er den Totengrund bei Wilsede tief aus, der heute als berühmte Sehenswürdigkeit eine Perle der Landschaft bei Wilsede ist. Schließlich versuchte der Luhetaler Riese es mit dem Warten auf *der anderen Seite des Wilseder Berges, in der Hoffnung, hier ein bisschen Schutz vor dem Wind zu finden. Doch auch dort wurden die Füße nicht warm und er musste immer wieder durch heftiges Stampfen die Durchblutung anregen. Auf diese Art und Weise trat er schließlich die Seevequelle tief in den Sand des Wilseder Berges hinein, sodass sie den Weg zurück an die Oberfläche zunächst nicht mehr fand. Am nächsten Tag aber sprudelte sie drei Kilometer entfernt bei Wehlen erneut ans Licht. Vielleicht hat es der Seeve sogar gefallen, die Quelle weiter nördlich zu haben, denn in Trockenjahren musste sie sich doch gewaltig durch den Sand von Einem und Heimbuch quälen.*

So ist der Soderstorfer Riese aus dem Luhetal dafür verantwortlich, dass die Seeve heute ein waschechter Harburger Fluss ist, denn sie hat ihre Quelle ganz am Südrand des Landkreises Harburg und mündet direkt an der Nordgrenze des Kreises in die Elbe. Wäre der Luhetaler Riese nicht gewesen, dann käme sie aus dem Nachbarlandkreis Soltau-Fallingbostel.

Am Seeve-Sperrwerk bei Wuhlenburg.

14. Schepers Mallör an'n Wesenbarg bi Vosshuusen

Nich wied af vun'n Wesenbarg, de fröher as'n groot Heidbarg twüschen Vosshuusen (59) un Wulmsdörp legen hett, hööd inst 'n armen Scheper winterdags de Schnuckenheerd. De Heid weer wied un sied mit Snee todeckt. Iernst un düüster stünnen de Machangelbööm. De scharpe Oostenwind keem över Elv un Fischbeeker Heid un dee em bitterkoolt dörch sien tweischüert Rockeloor (60) fleiten. He stütt sik op'n Stock af, dach över sien arm Leven na un wünscht sik, so riek as de Buern in Wulmsdörp un Dorsdörp to ween un nu beter achtern warmen Aven to sitten. Ünner de Ümstänn, de he nu harr, müch he gornich wieder leven, man he hoff, dat he uk eens Dag mol'n lütt beten Sott harr un wat an de Hacken kreeg.

Dor seeg he, wat een von de Schnucken den Snee an de Siet schoven harr un ut de snevern Heid 'n blau Glockenbloom lüchen dee. Beestig verwunnert över dat seltsaam Spill hett he de Bloom bekeken. De wull he nu afplücken un sien krank Wief mit na Huus in de Kaat bringen. Man as he de Bloom jüst to Hand nehmen wull, dor pingel se mit ehr lütt Glock 'n fien, engelhaften Toon. He weer verstutz över sowat. Wieldess de lütt Bloom pingeln dee, maak sik vör de Oogen von'n Scheper 'n groot Lock in'n Wesenbarg apen.

Am Wesenberg vor dem Ortseingang nach Neu Wulmstorf.

He leep vörto, keek toerst nescheerig un 'n lütt beten bang in den hollen Barg, man denn nehm he all sien Kraasch tosamen un güng rin in't Düüstern. Man wat weer dat? Glieks müss he de Oogen tohoopknipen un hett dat meist nich uthollen künnt, so hell weer't miteens in'n Barg. Root blenkern Steen lüchen as de Morgenstünn un leeten em in'n Kopp ganz swiemelig warrn. Wat weern dat vör Steen? Weert Guld oder weern dat Eddelsteen? Sowat weer he sien Leevdag noch nich ansichtig ween! Ohn lang Besinnen pack he gau all sien Büxendaschen un de Harderdasch vull mit de blenkern, iesensworen Steen.

Miteens reep em 'n fiene Stimm to: „Vergeet dat Best nich!" De Scheper harr so'n Stimm nie nich höört, verjaag sik as dull un keek verbaast üm sik. Dor seeg he achter de ierst 'n tweete Holl, de man noch deeper in'n Barg leeg. Dor blenker dat as de Heven in 'n koole Winternacht mit dusend un dusend sülvern Steerns. Gau maak he de Daschen wedder leddig un füll se nu mit ganz swoore Steerns ut Sülver. As he jüst ümkehrn un flink ut'n Barg rut na Huus to wull mit sien Sülverschatt, dor reep de Stimm dat tweete Mol: „Vergeet dat Best nich!" Nu seeg he, dat't achtern 'n drütte Holl geev. De hett vör luuder Guld un Eddelsteen as de Avendheven glööst. Nu maak he de Daschen ton drütten Mol leddig un füll se bit bavenan mit kostboor Klüten ut Guld un Eddelsteen. He weer wiss, dat he nich dröömen dee un föhl sik al meist as 'n grootrieken Buern, de 'n annern Dag, statts Schnucken to höden, op'n Veerspänner na Horborg kutscheern wull. Dit Steenwark wull he nich wedder tuuschen, müch kamen wat dor kamen müch. Uk sien Hoot pack he bit to de Kant vull mit Guld, so dat he em mit beid Hannen hett drägen müsst. Un dat drütte Mol reep em de Stimm to: „Vergeet dat Best nich!" „Wat wullt du, wat beters as dit Guld hier kann't nich geven", anter he vergnöögt un ut vullen Harten. So flink as't man jichens güng stüer he op'n Utgang to ut'n Barg rut.

Kuum dat he wedder in't Dagslicht kamen weer, dor sluut sik de Wesenbarg mit 'n gresig Dunnerslag. De Scheper leep na Fischbeek daal ahn sik eenmol ümtokieken. He leet sien Schnuckenheer alleen an'n Wesenbarg trüch. Em weer nu allns egool. He weer riek as 'n König! Bi'n Loopen weern em avers de Eddelsteen un dat Guld jümmers swoorer. Tolesst riet em de Last von de Been un he sack daal

Der Schäfer hörte im Schnee eine Glockenblume klingeln.

in'n Snee. As he de Daschen opmaken dee un dat Guld uk in'n Hoot beföhlen wull, dor müss he faststellen, dat he pickenswatte, iesenswoore Steen ut'n Wesenbarg ruthoolt harr. Vull Pien un in'n Brass smeet he jüm wied vun sik. Siet de Tiet geef dat an de Geestkant op de Heidbargen bi Wulmsdörp un in de Fischbeeker Heid opfällig swatte Steen, de een bloots ton Stratenplaastern bruken kann.

De lütt fien Stimm aver harr mit „dat Best" de blau Glockenbloom meent. Dat weer 'n Wunnerbloom, de Macht harr, dat Minschen, de Guld finnen deen, uk likers glücklich warrn könnt. Man de Scheper harr bloots an'n Riekdom dacht un nich doran, woans he dorto kamen weer. He wull toveel von't Guld un stopp sik överher uk noch sien Hoot vull. Dorbi hett he de Glockenbloom vergeten un verleer so amenn sien Glück.

Schäfers Unglück am Wesenberg bei Vosshusen (Neu Wulmstorf)

Nicht weit ab vom Wesenberg, der bis in die Zeit nach dem Zweiten Weltkrieg als großer Berg zwischen Wulmstorf und Neu Wulmstorf (59) lag,

Eine Schnuckenherde im Winter.

hütete einst ein armer Schäfer zur Winterzeit eine Schnuckenherde. Der von der Elbe her wehende scharfe Ostwind war schneidend kalt und den Schäfer fror in dem dünnen Roquelaure-Mantel (60) erbärmlich. Er wünschte sich reich zu sein und wie die Wulmstorfer Bauern hinter dem warmen Ofen zu sitzen. Plötzlich wurde er gewahr, dass eine Schnucke den Schnee beiseite geschoben hatte und an jener Stelle eine blaue Glockenblume hervorleuchtete.

Als er sie pflücken wollte, klingelte es engelsgleich und vor seinen Augen öffnete sich ein großes Loch im Wesenberg. Er trat in die Höhle ein und wurde geblendet von der Pracht rotfarbener Steine. Er griff sofort danach und stopfte sich alle Taschen voll. Plötzlich rief eine helle Stimme: „Vergiss das Beste nicht!" Der Schäfer erschrak furchtbar, schaute sich um und erblickte eine weitere Höhle, aus der heller Schein herausleuchtete. Sogleich trat er auch in diese Höhle, die angefüllt war mit silbernen Sternen. Umgehend leerte er seine Taschen und füllte sie erneut, diesmal mit dem kostbaren Silber. Schnell wollte er die Höhle verlassen, doch abermals rief die glockenklare Stimme: „Vergiss das Beste nicht!" Sein Staunen war grenzenlos, öffnete sich doch erneut eine Höhle vor seinen Augen, die geblendet waren von den dort glänzenden großen

Gold- und Edelsteinklumpen. Zum dritten Mal leerte er geschwind die Taschen und füllte sie nun randvoll mit Gold und Edelsteinen. „Vergiss das Beste nicht!" Die feine Stimme riss ihn aus seinen Träumen, in denen er sich bereits als reicher Großbauer auf einem Vierspänner nach Harburg kutschieren sah. „Was willst du?", rief er vergnügt. „Kann es Besseres geben als dieses Gold hier?" Auf schnellstem Weg lief er auf den Ausgang der Höhlen zu. Kaum war er wieder im Tageslicht, da schloss sich der Wesenberg mit ohrenbetäubendem Schlag. Der Schäfer lief, ohne sich nur einmal umzuschauen, nach Fischbek zu seinem kranken Weib. Selbst die Schnuckenherde hatte er vergessen. Er war reich wie ein König! Unterwegs wurden ihm die Taschen schwerer und schwerer und schließlich konnte er die Last nicht länger tragen und fiel in den Schnee. Er besah sich den Schatz in den Taschen und stellte zu seinem blanken Entsetzen fest, dass alles voller schwarzer Steine war. Voller Wut warf er sie weit von sich, denn es waren nur ganz schlichte Basaltsteine, die höchstens zum Pflastern taugten.

Des Schäfers Unglück war, dass er raffgierig die Glockenblume vergessen hatte. Sie hätte er mitnehmen sollen, denn sie barg das Geheimnis, wie Gold die Menschen auch tatsächlich glücklich machen könne.

15. Spöök in'n Brook bi Hunnen

In de Winser Masch hett dat fröher 'n grooten Brook geven. De hett in de Gegend twüschen Hunnen, Eekholt, Ollershusen un Meschacht (61) legen. In düssen Brook weer't jümmers natt. He weer dicht wussen mit Ellern, Wicheln un Reet un weer ohn Stieg un Padd. De Minschen hebbt dat nich waagt, dor rin to gahn. Se hebbt keen Kraasch hatt, in'n Brook to gahn, wieldat dor Spöök ween is. Dor schull jümmers 'n Keerl ünnerwegens ween hebben, de hett bitieden sien eegen Kopp von'n Hals nahmen un em sik ünnern Arm steken kunnt. Dat hett he jümmers denn maakt, wenn he Minschen bemött. De hebbt sik denn gresig verjaagd, sünd mit luut Bölken utneiht un flink na Huus lopen.

Wo disse Keerl herkeem, wo de wahnt hett un von wat de leven dee, dat wüss keeneen ut de Dörper to vertellen. Mennich Lüüd hebbt meent, dat de bi Daags ünner Water leven dee un bloots in'n Schummern oder bi Nacht ünnerwegens weer. Man worüm de sien Kopp afnehm un de Lüüd so verjagen dee, dor kunnen de Lüüd sik keen Riemel von maken. Wenn een dissen legen Keerl ansichtig weer,

Die Grundschule Hunden in der Winsener Elbmarsch.

denn sünd de Lüüd jümmers bang ween, dat he achter jüm her lopen dee, üm jüm wat antodoon. Man dat is nie nich passeert.

Eens Daags hett 'n Buer ut Hunnen sien Deern losschickt, se schull na de Starken kieken, de op 'n Weid weern, de dicht an'n Brook legen hett. Af un an müssen de Buerslüüd na dat junge Veeh kieken, wat se uk nich ut de Weid utbraken weern. Över so'n Opdrag hebbt sik Buerndeerns faken freit, denn kemen se uk mol ut'n Huus. So weer denn de Deern ut Hunnen los gahn un al 'n ganz Stück op de Drift ut'n Dörp rut, as miteens de Spökenkeerl ut'n Brook vör ehr stünn. He keek de Deern mit glönig-wille Ogen an, möök Töön as görgel he mit Water in sien Bost, faat mit beid Hannen an'n Kopp un harr em miteens ünnern Arm. De Deern stünn toierst merden op de Drift, as harr se Wötteln slaan. Vör luter Angst un Noot wüss se nich, wat se maken schull. Denn aver is se na'n Dörpen afbirst, so flink se man jichens hett lopen kunnt. As se in'n Huus ankamen is, harr se witt-gries Hoor. An't ganze Lief hett se bevert. De arm Deern weer natt von'n Angstsweet un hett keen Woort rutkregen. Eerst na dree Daag hett se ünner Stamern un Stötern rutbrōcht, wat se beleevt harr. As se ünner groote Möh dorbi weer ehr Lüüd to vertellen, wo dat utsehn hett, as de Spökenkeerl den Kopp ünnern Arm klemmt harr, dor is se doot von'n Stohl sackt.

Hunden in der Samtgemeinde Elbmarsch.

Dor hebbt's in Hunnen beslaten, den gresigen Brookkeerl to faten to kregen un in'n Arrest to setten. Meist hunnert Buern un Knechten ut Hunnen un de Dörper ümto harrn sik Seeßeln, Knüppel un Pietschen grepen, üm dat Beest faat to kriegen. As se den Brook, so wiet dat gahn hett, afsöcht harrn, weer von'n Keerl ohn Kopp keen Spoor to sehn. Rein gornix harrn's sehn oder von em funnen. Man dat Söken von de Mannslüüd hett sik verlohnt: Siet de Tiet weer de Spöök in'n Brook von Hunnen verswunnen un keeneen hett em narms wedder sehn.

Spuk im Hundener Bruch

In der Winsener Marsch gab es vor langen Zeiten in der Gegend zwischen Hunden, Eichholz, Oldershausen und Marschacht (61) eine sehr nasse Bruchlandschaft, die von den Menschen wegen ihrer Unwegsamkeit gemieden wurde. Ganz besonders aber fürchtete man sich vor einem Gespenst. Das soll ein Mann gewesen sein, der stets dann, wenn ihm Menschen begegneten, den Kopf von den Schultern nahm und ihn dann unter dem Arm trug. Das muss schrecklich ausgesehen haben und es hat die Betroffenen in furchtbare Angst versetzt. Wo dieses gespensterhafte Wesen gelebt hat, das wusste niemand. Viele glaubten, es würde bei Tage unter Wasser leben. Warum das Gespenst aber den Kopf immer abnahm, das war allen doch sehr unheimlich. Eines Tages nun schickte ein Bauer aus Hunden seine Tochter auf eine Weide, die in der Nähe des Bruches lag. Sie sollte nach dem Jungvieh sehen und prüfen, ob auf der Weide alles in Ordnung war. Plötzlich stand auf dem Weg das Bruch-Gespenst vor dem Mädchen. Mit wilden Augen schauten er es an, machte grässliche Töne als gurgelte Wasser in seiner Brust und hatte plötzlich den Kopf unter den Arm gesteckt. Blankes Entsetzen ergriff das Mädchen und es wusste zuerst in ihrer Not nicht, was sie machen sollte.

Schließlich löste sich ihre Erstarrung und sie rannten schreiend ins Dorf zurück auf den elterlichen Hof. Dort angekommen, hatte sie plötzlich weißgraues Haar bekommen, zitterte am ganzen Leib und konnte kein Wort herausbekommen. Nach drei Tagen endlich konnte

Die Ilmenau bei Mover.

sie stammelnd und stockend von dem grausamen Erlebnis berichten. Als sie kaum geendet hatte, fiel sie tot vom Stuhl.

Nun war es den Hundenern aber zuviel! Mithilfe von fast hundert Männern aus den umliegenden Dörfern durchkämmten sie den Bruch, ohne überhaupt nur eine Spur des scheußlichen Gespenstes zu finden. Doch ihre Mühen hatten sich schließlich gelohnt, denn von dem Zeitpunkt an war es aus und vorbei mit dem Spuk im Hundener Bruch.

16. Stammessaag von de Langobarden

In'n Süden von Skandinavien, dor wo hüüt Schonen liggt, dor hebbt vör meist tweedusend Johren de beiden Völker von de Winniler un de Wendelen (62) leevt. Dat weern twaars nich veel Lüüd, de to een Volk hörn deen, man se hebbt in'n Land leevt, wo dat Ackerland nich toveel her geev un dat faken swoor weer, de Grooten un de Lütten satt to kriegen. De Mannslüüd müssen winterdags jümmers lostrecken, üm in de deepen Woolden Wild to jagen, Fallen to leggen oder in deepe Kuhlen Bisons un anner groot Undeerter to fangen. Dat Leven weer man bloots in de Sommertiet goot uttoholen, Fröhjohr un Harvst weern kort, de Winter nehm för de Minschen bi groote Küll un veel Snee meist keen End. Uk de Kinner harrn winterdags jümehr Opgaven. Se müssen denn op de Seen Löcker in't Ies kloppen un op Fisch ansitten. So keemen de Minschen meisttiets ehrer slecht as goot dörch't Leven.

Wenn't denn, so as dat de Winniler tostött weer, uk noch Striet un Krieg mit de Navers geev, denn weern de Tieden ganz dull un de Noot weer groot. De Winniler leven aver doch in'n Gegend, wo Habern

Das Kreishaus in Winsen.

un Ruggen 'n lütt beten beter wassen deen as bi de Wendelen. Op jümehrn Bodden keken veel Steen ut de Eerd un de Oarnt geev nich veel her. Afgunst is jümmers al 'n slechten Raatgever ween. De Wendelen hebbt ehr Navers dat beten Riekdom nich gönnt un faken mol de Hüüs an de Grenz överfallen un unschülligg Lüüd dootslaan. Eens Daags hebbt se de Winniler Krieg anseggt. Se keemen tovör to'n Kriegsraat tohoop un hebbt mit ehr Preesters besnackt, dat se den böbersten Gott Wodan üm Hölp bidden un em to Ehr 'n groot Opperfest fiern wullen. Se harrn Wodan bidd, he müch jüm den Sieg över de Winniler tostüern. Wodan hett de Wendelen to Antwoort geven: „De Lüüd, de ik toeerst sehn do, wenn de Sünn opgeiht, de geev ik den Sieg."

De Winniler aver hebbt sik mit ehr Bidden un Opper Frigga (63) towennt, se müch jüm bistahn un jüm den Sieg över de Wendelen geven. Frigga müch de flietigen un tappern Winniler lieden. Se weer klook, wüss goden Raat un harr uk wat Listigs praat. Wieldat de Wendelen veel mehr Kriegers harrn, geev se de Winniler op, uk de Froonslüüd mit Strietäxten in de Hannen op dat Slachtfeld to schicken. Man de Wiever schullen ehr in lange Zöpp bunnen Hoor üm Muul un Nees binnen. Dat hebbt de Winniler denn uk na Frigga ehrn Vörslag so maakt.

In der Winsener Innenstadt.

Wodan harr de Angewohnheit in de Slaapstuuv sien Bett so optostellen, dat he na Westen kieken kunn. He müch jümmers geern bi'n Sünnenünnergang tokieken. Wenn de Sünn in'n Westen in't Meer ünnerduken dee, denn weer he fein toweeg un keem gau to Slaap. Dat wüss sien Fro, denn se harr faken bi em seten un sik dat Spill mit ankeken. An'n Avend för de Slacht seet se wedder mol bi em. As Wodan deep inslapen weer, dreih se sien Bettstatt üm, dat he den annern Morgen bi Sünnopgang na Osten keken müss. Se harr tovör de Winniler den kloken Raat geven, sik in'n Oosten von't Slachtfeld optoboen.

As an annern Morgen bi Sünnopgang Wodan opwaken dee, seeg he de veelen Lüüd mit Äxten un lange Boorten. „Wat sünd dat för langboorte Minschen?", fraag he Frigga. „Dat sünd de, de du hüüt den Sieg in de Völkerslacht geven wullst. Schenk de Lüüd mit de langen Boorten den Sieg!" To füll Wodan wedder in, wat he de Wendelen bi't Opperfest toseggt harr.

De Wendelen weern düchdig verfehrt, as se de veelen Minschen mit de Strietäxten sehn hebbt. Se harrn de Büxen al full, bevör dat Slaan losgahn dee. Dat Bölken un Huulen von de veelen Winniler keem noch dorto, dat de Wendelen glieks övereen kemen, mit de Winniler Freden to sluten. Dat de Winnilerfroons sik achter ehr Keerls opstellt harrn, dat is keeneen von de Wendelen wohr worden. Se harrn slecht Sicht, denn se müssen in de noch deep stahn Sünn kieken. De Hölp von Frigga un de beiden klooken Listen mit de langen Boorten un dat Opstellen mit Sünn von achtern hett de Winniler den Sieg bröcht.

So sünd de Winniler denn uk to ehrn Stammesnaam kamen. De Naam Winniler güng verloren, se hebbt achterher bloots noch de „Langboorten" heten. Dor hebbt de Römer den veel later „Langobarden" ut maakt.

De Wendelen müssen ehr Wehr un Wapen afgeven un sünd Knechten bi de Langboorten worrn. Nu weern de Langboorten groot un stark. Na'n gresig Hungersnoot hett dat Volk sik eens Dags op'n Weg maakt un hett Schonen verlaten. Över dat groote Meer sünd's na'n Süden trocken un hebbt al lang vör de christliche Tiet an de Elv, twüschen de Stör un de Ilmenau, för hunnerte von Johren 'n nee

Schloss Winsen.

Tohuus funnen. Man dor kemen se in de Tiet von'n Kaiser Augustus ünner de Fuchtel von de Römer. Na de grote Varus-Slacht, wo Arminius de Römer düchdig een verpuult hett, hebbt de Langobarden sik mit de Cherusker tohoopslaten. De Langobarden weern avers 'n unruhig Volk, wat sik in't föffte Johrhunnert wedder op'n Padd maakt hett. Wedder sünd's na'n Süden trocken. So keem dat Volk bit an de Donau un trock achterher na Pannonien (64) wieder. Jümmers betere Suldoten sünd de Langobarden worden un hebbt ünner dat Kommando von ehrn König Audoin dat Riek von de Ostgoten besett un mit Kaiser Justinian 'n Fredensverdrag maakt. Dat weer so in de Tiet üm 550 n. Chr., as Audoin sien Söhn, de Alboin heten hett, de Langobarden över de Alpen na't böverste Italien leit hett. De Langobarden harrn bilütten so veel Kriegsmacht kregen, dat se Mailand un anner groote Städte in Italien ünner ehr Regie bröcht hebbt. Mailand liggt in de Lombardei un uk dat Land hett sien Naam von de Langobarden afkregen, jüst so as Bewick un de Bardengau (65).

Die Stammessage der Langobarden

Vor fast zweitausend Jahren lebten im heutigen Schonen die kleinen Völker der Winnilen und Wendelen (62). Sie bewohnten beide eine karge Gegend, deren magere Böden kaum zum Leben reichten. Und dennoch hatten die Winniler es etwas besser getroffen, was den Neid der Wendelen hervorrief. So kam es eines Tages zu einer Kriegserklärung der neidischen Wendelen. Bevor sie in den Kampf zogen, opferten sie Wodan und erbaten von ihm Hilfe für ihren Sieg. Er antwortete ihnen: „Diejenigen, die ich am Tage der Schlacht morgens zuerst sehen werde, die sollen den Sieg bekommen." Auch die Winniler waren nicht untätig und

Das Welfendenkmal bei Langenrehm.

wandten sich an Frigga (63). Frigga war den tüchtigen Winnilern sehr gewogen und gab ihnen den Rat, ihre Frauen mit auf das Schlachtfeld zu schicken, sie allerdings hinter den Männern aufzustellen. Unbedingt sollten die Frauen ihre langen Zöpfe sich um Nase und Mund binden. Sie empfahl auch noch, dass die Winniler sich am östlichen Rand des Schlachtfeldes postieren sollten.

Als Wodan sich abends schlafen gelegt hatte, drehte Frigga das Bett des Schlafenden so hin, dass er beim Aufwachen gen Sonnenaufgang gucken musste. Als die Nacht vorüber war, rief der erwachende Wodan: „Was sind das für Menschen mit den langen Bärten dort?" „Es sind diejenigen, denen du heute den Sieg in der Schlacht geben wolltest", antwortete die kluge Frau des obersten Gottes. Den schlachtbereiten Wendelen erging es sogleich sehr schlecht. Sie erschraken über die ungeheure Anzahl winnilischer Soldaten und deren furchtbaren Lärm. Schnell waren sie friedensbereit und ergaben sich den Winnilern. Nachdem die Wendelen alle Waffen abgegeben hatten, wurden sie Sklaven der Winniler. Niemals aber erfuhren die Wendelen von den Kriegslisten der Winniler, die fortan „Langbärte" genannt wurden, woraus die Römer dann später das Wort „Langobarden" machten. Die „Langbärte" waren ein unruhiges Volk und verließen nach einer schrecklichen Hungersnot ihre Heimat. Sie fanden ein neues Zuhause im Raum zwischen Stör und Ilmenau an der unteren Elbe. Viele Jahrhunderte blieben sie dort, bis sie von den Römern unterjocht wurden. Nach der Varusschlacht schlossen sie sich mit den Cheruskern zusammen und eroberten nach Ende des 5. Jahrhunderts Pannonien (64), zogen über die Alpen nach Norditalien und schufen ein Reich in der Lombardei mit Mailand als Zentrum. Auch die Lombardei hat ihren Namen von dem Stamm der Langobarden erhalten, so wie Bardowick und der Bardengau (65).

17. De Likedeeler Claas Störtebeker un Gödeke Michels

De Striet twüschen König Albrecht von Sweden un Königin Margarete von Dänemark hett uk de Hambörger veel Kummer un Noot bröcht. Worüm dat so ween is, dat hett mit de Vitalienbröder (66, 74) to doon. De harrn toeerst in'n Opdrag von de Hanse mit jümehr Schepen de Minschen in Stockholm holpen, de Belagerung dörch de Suldoten von Königin Margarete von Dänemark to överstahn. Se hebbt de Stockholmer ünner Gefohr wat to'n Eeten tostüert. Man as de Dänen amenn Stockholm innahmen harrn, müssen de Vitalienbröder sik 'n anner Arbeit söken. Dat hebbt's denn uk bald in de Noordsee un vör allen Dingen vör de Elv un de Werser funnen. So sünd de Vitalienbröder ünner dat Kommando von Claas Störtebeker un Gödeke Michels, de beid ut Mäkelnborg stammen deen, Seeröver worrn. De Hambörger un Bremer Kooplüüd hebbt se dat Leven 'n poor Johr lang düchdig swoor maakt.

Een von jümehr Rövernester weer in Neegroven op'n Falkenbarg. Dor hett 'n Borg stahn, wo Störtebeker un Michels mit jümehr Kumpanen all de Saken opbewohrt hebbt, de se sik bi de Röövtöög ünnern

Wanderweg durch die Diebeskuhlen in Rosengarten.

Nogel reten harrn. Wenn dat ganz driest togüng, denn sparrn de Gesellen de Elv mit lange iesern Keden af, kapern de Schepen, nehmen all't mit, wat man to dregen weer. Se setten denn uk de rieken Kooplüüd, de je faken mit an Bord weern, op de Borg op'n Falkenbarg fast. Bloots gegen bannig veel Löösgild kunn 'n Koopmann wedder frie kamen. Op de Oort hebbt de Brieten (56) mit de Johrn so veel Gild un Deevsgoot ophümpelt, dat op'n Falkenbarg keen Platz mehr weer. Een von de Spießgesellen, de ut de Horbörger Gegend stammen dee, wüss aver, dat't deep in'n Rosengoorn ganz düüster un heemlich Ecken geev, wo de Röver jümehr Fäng un Büüt op Best laten kunnen. Störtebeker un Michels geven Befehl an ehr Lüüd, deepe Kuhlen in de Bargen in'n Rosengoorn to graven, wo se de Büüt opbewohrn wulln. Disse deepen Kuhlen hebbt de Lüüd denn achterher de Diebeskuhlen nöömt, wieldat dor – jedenfalls na dat Vertellen – Störtebeker sien Deevsgoot sammelt worrn is (67).

Störtebeker un Michels hebbt dat in de dree Johrn twüschen 1398 un 1401 so driest mit de Seeröveree dreven, dat keen Hambörger Koopmann mehr na England seiln müch. För de Stadt weer dat 'n gewaltig Schaaden. Op Helgoland harrn de Vitalienbröder, de sik „De Likedeeler" (68) nöömt hebbt, uk 'n Piratennest. Veel Hölp harrn se bi de Häuptlinge von de Noordfresen funnen un so güng dat Geschäft op Best. Man de Hambörger sünd keen Schlaapmützen ween. Se hebbt von Hamborg ut Schepen op de Reis schickt, de ünner dat Kommando von Simon von Utrecht (69) na Helgoland seilt sünd. Simon weer nich bloots 'n goden Seefohrer, he weer uk 'n ganz Klooken. Een von sien Frünnen, de ut Blanknees stammen dee, weer 'n Elvfischer un harr fröher sülbst mol as Vitalienbroder to Störtebeker sien Gang höört. As sien Knaken nich mehr recht wullen, hett he Afscheed nahmen un is wedder Elvfischer worrn. De Seeröver jedenfalls hebbt dissen Fischer goot kennt. As nu bi kabbelige See un strammen Noordwest de Hambörger an fröhen Avend vör Helgoland ankeemen, weer uk de Fischer ut Blanknees mit sien Ewer achter de groten Koggen herseilt. Dat höör to Simon von Utrecht sien Plan dorto. As Simon de „Bunte Koh" un de annern Schepen den Befehl ton Anker smieten geev, seil de lütt Elvewer achter de Groten rüm un de Schipper keek glieks na Störtebeker sien Kogge ut.

Die Elbe vor Finkenwerder mit dem Lotsenhaus.

Störtebeker seil 'n Holk (70) mit dree Masten un dissen Windjammer kenn de Schipper ut Blanknees noch ut sien Stockholmer Tiet bi de Vitalienbröder. He bölk na de Reeling rop, wat he dor bi jüm nich bidreihn dröff un bidd uk, dat he geern an de grote Kogge fastmaken wull. He harr noch nix eten un wull sik in de Kombüs wat kaken. Dat Water weer em so kabbelig, dat he doch geern in de Schuul von de Holk blieven müch. För Störtebeker weer dat keen Fraag, een von sien olen Mackers to hölpen. Jümmers harr he wat för de lütten Schipperslüüd över un nich to Ünrecht harrn sien Maaten em je uk den Ökelnaam (71) „Robin Hood to See" geven. Bi Nacht nu hett de Fischer aver doch keen Eten kaakt, sünnern in de Kombüüs Blee (72) in de Bratpann gaten. Dormit hett he achterran, merden in de pickendüüster Nacht, dat Ruder fastlööd un sik gau mit sien Ewer in'n Wind maakt. Wat nu passeern schull, dat passeer uk un weer de fien utdachte Plan von Simon von Utrecht. De Elvschipper kunn Simon vermellen, dat Störtebeker von nu an bi'n besten Willen nich in de Laag ween schull, dat Röverschipp to manövreern.

Op'n Vörschipp harrn de ganze Nacht Maaten luert un luustert, wat sik op de „Bunte Koh" rögen dee. Se harrn dat mitkregen, dat de

Elvewer wedder afseilt weer, man dat kümmer jüm nich. Noch vör'n Sünnenopgang kreegen de Seerövers op de Wache mit, dat de „Bunte Koh" Fohrt upnehm un neeger keem. Se slögen de Alarmglocken un in'n Nu weern all de Liekedeelers op jümehrn Posten. Nu wullen se de Hambörger Pepersäck aver wat wiesen. Doch wat geev dat för'n Upjaulen bi de Seeröver, as se faststellen müssen, dat ehr Windjammer sik op de Stee dreihn dee. Dat Ruder weer fastsett!

Störtebeker un sien Gang hebbt sik bannig wehrt, man gegen de groote Övermacht geev dat keen Pardon. Störtebeker, Gödeke Michels un söbentig anner Seeröver weern gefangensett. De Doden hett Simon von Utrecht glieks över Bord smieten laten. De gröttste Freid för de Hambörger aver weer, dat se Störtebeker un Michels faat kregen harrn. As de groten Windjammers kort vör Hamborg an Öbelgönn vörbi seiln, dor wüssen se in Hamborg al Bescheed. Dat Volk leep tohoop, denn all wulln se Störtebeker bekieken un den Helden Simon von Utrecht tojubeleern. Störtebeker weer toeerst in't Kaschott ünner dat Rathuus steken. De Senoters harrn dat Urdeel flink trech. All de Liekedeelers schulln op'n Lütten Grasbrook an'n Haven 'n Kopp körter maakt warrn. Man Claas Störtebeker weer 'n stuur Beest. He slöög den Senot vör, dat he 'n gullen Keed för sien egen un sien Maaten Freelaten geven wull. He wull 'n Keed spendeern, de so lang weer, dat se üm de ganze Stadt Hamborg reken schull. Man de Senoters un de Börgermester hebbt em wat utlacht un sik mit veel Volk na'n Grasbrook op'n Weg maakt. An'n 20. Oktober 1401 is denn de Stünn von Claas Störtebeker, Gödeke Michels un jümehr Mackers kamen. Nu weer't vörbi – keen Beker mit veer Liter Beer op eenmol kunn he miehr daalstörten (73) un nix von sien Schatt kunn he op de letzt Reis mitnehmen. Meister Rosenfeld, de Hambörger Scharprichter, harr 'n groten Dag un leet dat Sweert suusen. As ünner de Kläng von de Hambörger Karkenglocken all de Köpp över'n Grasbrook rullt weern, hett dat bi'n Senot düchdig Indruck maakt. De Senoters hebbt Meister Rosenfeld düchdig Kumplemente maakt, wieldat he ohn Paus sien Arbeid so stuur trech kregen harr. Meister Rosenfeld weer bi't Köpp afslaan ogenschienlich so in'n Gang kamen, dat he de Senoters antert hett: He kunn, wenn se dat wullen, noch geern bi de Senoters wieter maken. He wull wiss 'n Spooß maken, man dat harr

Hamburg-Övelgönne.

he levers nich seggen schullt. Fuurts hebbt dree Senoters em dat Swert afnahmen un de jüngste Hamborger Senoter müss nu Meister Rosenfeld to Lief. Dat ward vertellt, dat de aver mehr as bloots een Slag nödig harr.

De tweeunsöbentig Köpp von de Vitalienbröder sünd op scharp anspitzt Pöhl an't Elvööver opstellt worrn. Se schulln Tüügnis afgeven för den Hambörger Willen, mit de Röveree op See 'n End to maken. As dat Elvööver nu mit de Dodenköpp utsmückt un Meister Rosenfeld öllich ünner de Eerd brocht weer, güng dat Söken na Störtebeker sien Guld un Sülver los. Vergevens hebbt de Hanseoten na dat veele Guld un Sülver söken laten. Se kunnen nix op de Schepen finnen, nix op'n Falkenbarg bi Neegroven un nich een Stück in de „Depen Kuhlen" in'n Rosengoorn. Nu schull Störtebeker sien Holk afwrackt warrn un de Senot verkööp dat Schipp an 'n Timmermann ut Hamborg. As de mit sien Lüüd bi de Arbeid weer un den Grootmast twei saagen wull, stötten se op Metall. De Timmermann weer 'n ehrlichen un akraaten Minsch. He geev den Börgermester Bescheed över dat, wat he utklamüstert harr. Bi dat Ünnersöken hebbt se denn rutfunnen, dat de een Mast mit Guldstücken, de tweete mit Sülver un de drütte mit Kopper randvull weern. Uk anner Balken op dat Schipp harrn de Liekedeelers uthöhlt un mit Guld un Sülver voll stoppt.

So hett dat denn an't End von Claas Störtebeker un Gödeke Michels ehr Leven tofreden un untofreden Minschen in Hamborg geven. De Blankneser Elvfischer kreeg bit an sien Levensend Viktualien (74) von de Stadt Hamborg. Simon von Utrecht un anner Kopteins weer 'n Barg Guld schinkt un jüm to Ehr un Andinken kregen se Denkmols un op St. Pauli weern Straaten na jüm nöömt. De Timmermann hett den Windjammer nich to betahlen bruukt un kreeg sogoor to all dat Holt noch Sülver dorto. De groote Kark St. Katharinen kreeg 'n nee Mütz ut Guld von'n Störtebekerschatt.

To de Untofreden mutt tosätzlich to de Liekedeelers woll de Scharprichter Meister Rosenfeld tellt warrn. He harr sik dat Loff von de Senoters in Demut anhören schullt, statts 'n groot Muul to risekeern un so'n Dummtüüch to prahlen. Een mutt verstahn, dat de Senoters bang för em worrn sünd in sik in't Angesicht von soveel Bloot verjaagd hebbt. So hett de unklook Rosenfeld glieks de Vitalienbröders achterher gahn müsst.

Die Liekedeeler Klaus Störtebeker und Gödeke Michels

Die Vitalienbrüder (66, 74) sind nach ihren doch recht guten Taten bei der Unterstützung Stockholms schließlich unter dem Kommando von Klaus Störtebeker und Gödeke Michels Seeräuber geworden, die es allerdings mit den Hamburger Kaufleuten äußerst arg getrieben haben. Sie sperrten gelegentlich mit langen Ketten die Elbe ab, kaperten die Schiffe, setzten die mitfahrenden Kaufleute in Arrest und gaben sie nicht eher frei, bis sie ein anständiges Lösegeld gezahlt bekamen. Sie wurden schließlich so reich dabei, dass sie in ihrem Räubernest auf dem Neugrabener Falkenberg keinen Platz mehr für das Diebesgut hatten. Sie schufen sich im Rosengarten bei den Diebeskuhlen (67) neue Verstecke.

Die seeräuberischen Vitalienbrüder nannten sich auch Liekedeeler (68), denn untereinander ging es gerecht bei ihnen zu. Alle Beute wurde zu gleichen Teilen unter ihnen aufgeteilt. Gute Unterstützung hatten sie

Der Hamburger Hafen.

bei den nordfriesischen Häuptlingen, die ihnen Unterschlupf auf Helgoland gewährten, von wo aus sie viele Beutezüge unternahmen. Als endlich die Handelsschifffahrt für die Hamburger zum größten Wagnis geworden war, übernahm Simon von Utrecht (69) das Kommando einer Flotte, die unter der Führung des Schiffes „Bunte Kuh" den Liekedeelern den Garaus machen wollte. Zum klugen Angriffsplan Simon von Utrechts zählte die Teilnahme eines Blankeneser Elbfischers, der vor vielen Jahren vor Stockholm zu Störtebekers Gang zählte, aus Altersgründen aber den Vitalienbrüdern Lebwohl gesagt hatte. Der segelte nun im Schutz der hamburgischen Flotte bis vor die Gestade Helgolands, wo Simon die Seeräuber stellen wollte. Als die großen Hamburger Segler vor Anker gingen, kam der Elbfischer aus deren Schutz hervor und segelte auf Störtebekers Holk (70) zu. Wegen der unruhigen See bat er Störtebeker, sich im Schutz des großen Schiffes aufhalten zu dürfen. Er wolle sich in der Kombüse ein Essen bereiten und dann weitersegeln. Störtebeker war einverstanden, denn er kannte den Fischer als verlässlichen Kumpanen. Der aber war nun in Diensten anderer Herren, denn statt sich ein Essen zu kochen schmolz er Blei in der Bratpfanne und lötete im Schutz der Dunkelheit damit das Schiffsruder an Störtebekers

Simon von Utrecht unter der Kersten-Miles-Brücke an der Helgoländer Allee bei den Hamburger Landungsbrücken.

Holk fest. Nachdem er gute Arbeit geleistet hatte, machte er sich über das Wasser davon. Dem klugen Plan des Simon von Utrecht sollte nun der endgültigen Ausführung nicht mehr allzu viel im Wege stehen. Am nächsten Morgen beobachteten die Wachen auf Störtebekers Schiff das langsame Fahrtaufnehmen der Hamburger Flotte. Sie schlugen Alarm und im Nu waren die Seeräuber auf ihren Posten. Jetzt sollte es den Pfeffersäcken an den Kragen gehen! Aber welch Heulen und Zähneklappern gab es, als die Liekedeeler die Manövrierunfähigkeit ihres Schiffes feststellen mussten. Trotz heftiger Gegenwehr mussten sie sich bald den Hamburgern geschlagen geben. Störtebeker, Gödeke Michels und weitere siebzig Seeräuber wurden gefangen genommen und auf den Schiffen nach Hamburg überführt.

Der Hamburger Senat handelte rasch und fällte das Urteil, sämtliche zweiundsiebzig Gefangene auf dem Grasbrook köpfen zu lassen. Zwar versuchte Störtebeker noch, sich und die Seeräuber freizukaufen, aber es half nichts. Hamburgs Scharfrichter Meister Rosenfeld hatte am 20. Oktober 1401 seinen großen Auftritt und ließ ohne Pause die Köpfe

Hafencity Hamburg mit dem Grasbrookhafen.

einen nach dem anderen über den Grasbrook rollen. Diese Arbeit beeindruckte die Senatoren und sie lobten den Meister über die Maßen. Die Komplimente des Senats aber riefen beim Scharfrichter eine übermütige Reaktion hervor und er antwortete ihnen, dass er nun so gut in Fahrt sei, dass er bei den Herren Senatoren gleich weitermachen könne. Dieses leichtsinnige Reden bereute er sogleich, denn man nahm ihm das Scharfschwert ab und der jüngste der Senatoren musste nun auf Anordnung der Ältesten den Scharfrichter Meister Rosenfeld hinrichten.

Nachdem die zweiundsiebzig Köpfe der Vitalienbrüder als Zeichen hanseatischer Macht und zur deutlichen Abschreckung auf gespitzten Pfählen längs der Elbe aufgereiht waren, ging die Suche nach Störtebekers Schätzen los. Alles Suchen war vergeblich, weder Silber noch Gold wurden gefunden. Störtebekers Kogge verkaufte die Stadt Hamburg an einen Zimmermann, der das Schiff abwracken sollte. Bei dieser Arbeit entdeckte man in den Masten, in ausgehöhlten Balken und unter Schiffsplanken eine Unmenge an Gold, Silber und Kupfer. Der ehrliche Zimmermann gab alles an den Senat ab und wurde für seine

Die Statue Claas Störtebekers auf dem Großen Grasbrook am Rande der Hafencity.

Ehrlichkeit ordentlich belohnt. Überhaupt gab es am Ende der Schreckensherrschaft Störtebekers in Hamburg die Glücklichen und die Unglücklichen. Zu den Glücklichen war der Elbfischer zu zählen, der bis an sein Lebensende Viktualien (74) erhielt. Der Zimmermann wurde reich belohnt, Simon von Utrecht und weiteren tapferen Seehelden wurden Denkmale gesetzt und Straßen im Hafengebiet nach ihnen benannt und die große Katharinenkirche am Hafen bekam ein neues, goldenes Dach aus dem Schatz der Seeräuber. Die Liekedeeler ereilte zwar ein gerechtes Schicksal, aber unglücklich war es doch, dass man sie vor Helgoland so erbärmlich hereingelegt hatte. Als ein sehr Unglücklicher kann gewiss auch Scharfrichter Rosenfeld bezeichnet werden, der statt eines erwarteten süßen Lohnes für saubere Arbeit einen unerwarteten bitteren Tod für leichtfertiges Reden hinnehmen musste.

18. Swatte Hund in'n Hoop bi Vohrndörp

Twüschen de groot Bremer Straat, de von Horborg över Tötsen na Töst (75) lopen deit, un Vohrndörp liggt 'n groten Woold, de in Vohrndörp „De Hoop" nöömt ward. Dor hett't vör lange Tieden bösen Spöök geven, wat veele Lüüd warraftig uk an'n eegen Liev ünner Grusen un Gresen (76) beleevt hebbt. Keeneen müch an'n laten Avend oder merden in de Nacht von Lüüraad oder von Appelbüddel dörch'n Hoop na Vohrndörp gahn. Man de Weg över de Bremer Straat weer so wietlöftig, dat mennicheen all sien Moot tohoop nehmen dee un doch mit Hartklabaster dörch'n Hoop güng. All de Lüüd, de dissen gresigen Spöök beleevt harrn, hebbt achterher all dat sülve to vertellen wüsst:

'N Scheusal von swatten Hund weer jüm bemött, mit lange Been un glöönig Oogen, de so groot weern as Mudder ehr Töller op'n Kökendisch. De Oogen hebbt glimmert as'n Blinkfüer un dorüm weern uk Hüürn op'n Kopp to sehn, de meist dat Kaliver von'n Jungossen harrn. Keeneen harr dat Undeert mol bi Dags to sehn kregen un nich een wüss to verklaaren, woso de grugelich Hund nu utgerekent dörch

Ländliche Beschaulichkeit am Vahrendorfer Teich.

den Hoop strömern dee. Na'n Tiet hebbt de Vohrndörper dat Undeert „Swatte Hund" nöömt.

Wat de Lüüd sik nich verklaaren kunnen, weer de Ümstand, dat de Fösters un Jägers in'n Hoop noch nich een Stück Wild funnen harrn, wat von dat unklook Beest reten worrn weer. Wat freet de bloots, hebbt sik de Lüüd fraagt? Schull de Swatte Hund sik amenn an Kinner vergriepen? Man uk ut Horborg weer nix to hören, dat Kinner verswunnen weern.

In Vohrndörp hett dat to de Tiet 'n Huusslachter geven. Dat weer 'n Keerl mit 'n breet Krüüz, de Knööf ünner sien Hemd harr un de 'n Swien bi'n Slachten uk alleen op de Ledder fastbinnen kunn (77). Mit em schull een beter nich in'n Striet kamen, wieldat he uk 'n beten dullkoppt weer. De kunn flink in'n Striet mol Gift un Gall speen un mit sien töllergroot Hannen een bi de Görgel packen. Disse Slachter weer in Appelbüddel to'n Swienslachten ween un keem nu an'n laten Winteravend dwars dörch'n Hoop trüch na Vohrndörp. He kunn in de klore Nacht de Karkenglocken ut Sinsdörp hören un müss den opeens an'n Swatten Hund dinken. Man he weer keen Bangbüx. He harr dat bi'n Slachten op de Hööf al faken mol mit Jungossen opnahmen, de bi'n Slachten nich so wullen as he.

He harr sien Gedanken noch nich to'n End bröcht, dor stünn op'n Weg vör em wat Swatts mit glöönig grote Oogen. „Du Düvel", bölk de Slachter un greep sik dat Krummholt (78) ut den Slachterbüdel, de he övern Rüch hungen harr. „Tööv! För di bün ik nich bang!" He weer de Ansicht, dat de Swatte Hund vör em stünn un stüer kurascheert op dat Undeert to. He keem avers nich eerst sowiet, mit dat Krummholt to'n Slaan uttoholen, dor harr he al sülbst 'n deegten Slag för de Bost kregen un seet miteens op'n Moors. Man glieks keem he wedder op de Been, kreeg de Hüürn von'n Swatten Hund to faten un denn güng dat Balgen los. „Du büst de Düvel sülbst", reep de Slachter un rull mit'n Swatten Hund, sien Hannen fast an de Hüürn, von'n Weg af bargdaal. „Nu rüüscht du woll mit mi jüstemang in de Höll rin?", gröölde Slachter un kreeg 'n blöken „Näää" to Antwurt. „Nu ward rieten", geev de Slachter ünner Grienen trüch, lang sik 'n String ut'n Büdel un töög em mang de Hüürn von dat jappen un spökig Undeert boomfast.

Feldweg bei Vahrendorf.

De Slachter mit sien bannig Kraasch hett sik nich bang maken laten un stüer mit'n beestig grooten swatten Schaapsbuck an'n String na Huus. Annern morgen wüssen nich bloots in Vohrndörp un Ehsdörp alle Lüüd över den Wettstriet van den Vohrndörper Huusslachter mit den „Swatten Hund" to vertellen. Uk 'n Buer ut Appelbüddel frei sik över de Maten, dat he sien besten, besünners starken un afsünnerlich grooten swatten Schaapsbuck wedder harr. He hett em glieks in Vohrndörp bi'n Husslachter afholen dröfft.

Der Schwarze Hund im Hoop bei Vahrendorf

Zwischen der Bremer Straße, die von Harburg über Tötensen nach Tostedt verläuft, und Vahrendorf liegt ein großer Wald, den die Vahrendorfer den „Hoop" nennen. Dort hat es vor langen Zeiten unheimlich gespukt, was viele Menschen mit heftigem Grauen am eigenen Leibe erlebt haben. Dort strömerte ein Untier umher, welches bei Dämmerung und in der Dunkelheit Menschen angriff und zu Tode erschreckte. Dieses Tier hatte glühende Augen, so groß wie Küchenteller, es hatte Hörner auf seinem Kopf, der so groß wie der eines Ochsen war. Es war ein furchterregendes Wesen, das in Vahrendorf nun wegen des schwarzen Fells der „Schwarze Hund" genannt wurde. Was die Leute sich überhaupt nicht erklären konnten war die Frage, wovon sich dieses Spuktier ernährte. Sollte es gar Kinder fressen? Aber selbst aus Harburg wurde nicht berichtet, dass Kinder verschwunden wären.

In Vahrendorf lebte zu jener Zeit ein Hausschlachter, der ein furchtloser Mensch mit Bärenkräften und einem breiten Kreuz war. Der ging nun eines Winterabends spät von einer Hausschlachtung in Appelbüttel heimwärts nach Vahrendorf. Er machte nicht den Umweg über die Bremer Straße, sondern ging quer durch den Hoop nach Haus. Tatsächlich musste er aber doch auch an den „Schwarzen Hund" denken, der ja in der Dunkelheit sein Unwesen im Wald trieb. Er hatte diese Gedanken noch nicht zu Ende gedacht, da sah er bereits einen mächtigen schwarzen Schatten vor sich auftauchen. „Du Teufel", rief der Schlachter und wollte rasch sein Krummholz ergreifen, als er schon selbst einen heftigen Schlag gegen die Brust erhielt und rückwärts umfiel. Das wird der Teufel selbst sein, dachte der Schlachter, denn er hatte im Aufstehen zwei Hörner ergiffen, rollte aber im gleichen Moment mit dem Gegenspieler einen Abhang hinunter. „Willst du jetzt mit mir zur Hölle fahren?", schrie der Schlachter und bekam umgehend ein blökendes „Näää" zur Antwort. „Jetzt hört der Spaß aber auf", lachte der Schlachter, griff sich einen kurzen Strick aus dem Rucksack, wand diesen um die Hörner des spukigen Untieres und zog mit ihm im Schlepptau nach Vahrendorf.

Am nächsten Morgen ging die Kunde von der Gefangennahme des „Schwarzen Hundes" durch den tapferen Schlachter wie ein Lauffeuer nicht nur durch Vahrendorf und Ehestorf. Auch ein Bauer aus Appelbüttel zeigte sich über alle Maßen erstaunt, dass sein bester und tatsächlich besonders prächtiger schwarzer Schafbock nach langem Verschwinden wieder aufgetaucht war. Er konnte ihn sogleich in Vahrendorf beim Hausschlachter abholen.

Das Waldgebiet Hoop bei Vahrendorf.

19. De Scheperjung von Wörm

Lang is't woll al her, dor harr de Buer op Vörsten Hoff in Wörm (79) 'n Scheperjungen, de kunfermeert warrn schull, man doch bannig dumm bleven weer. Twaars hett de Köster in Jesborg sik veel Möh mit em in de Kunfermandenstünnen geven, aver in den dicken Bummskopp wull bi'n besten Willen nich veel rin. Nu stünn de Kunfermatschoon an, un de Bengel harr rein gornix lehrt, wat he bi dat Pröven in de Kark vör de Gemeen upseggen kunn.

Nu wull de Pastuur sien Heil sülbst versöken un maak sik op'n Weg na Wörm. As he den Scheperjung nu 'n beten utfraagt harr, hett de Pastuur gau markt, dat de Jung so ganz dumm nu doch nich weer. He harr man bloots keen Intresse wiest an dat, wat de Köster de Kunfermanden lehrt harr. He vertell lever von sien Schnucken. Wo groot sien Heerd weer un woveel Schnucken he harr un woveel Spooß he in de Tiet von't Lammen mit sien Tiern harr – all dat intresseer em. Dat weer meist so, as vertell he mit groote Leev von sien Familje. He snack, as wenn de lütten Schnucken sien Swestern un Bröder weern, wat op'n Pastuur doch groten Indruck maakt hett. Jo, he wüss, dat he

Die Jesteburger Kirche mit dem Glockenturm.

all sien Schnucken na Kopp un Klöör ut'neenkennen dee. Dor keem den Jesbörger Pastuurn 'n plietschen Infall. He see to den Scheperjungen: „Schulln wi nich dien Schnucken döpen, so as wi dat mit de Kinner in de Kark maken doot?" Twaars dröff dat keeneen to weten kregen, vör allem uk nich sien Jesbörger Köster un ierst recht nich de Supperdent in Hittfeld (80), man de Pastuur weer von sien goden Infall övertüügt un hett uk glöövt, dat de Erfolg nich utbleven dee.

„Mienwegen! Man to, dat müch woll gahn", meen de Scheperjung un keek den Pastuurn dorbi 'n lütt beten dösig an. De Pastuur verklaar den Jungen nu, dat se de Schnucken de Reeg na döpen wulln un he müss denn bloots achterher noch weten, keen toeerst döfft worrn is un keen opletzt. Jo, dat dee he beholen, meen de Jung. Glieks güng dat Döpen los. De groote Buck weer „Vater" döfft, de mit den pickswatten Kopp „Unser", de junge opstanaatsche Buck mit den brunen Oors schull „Der" heten un de ole Zipp mit de witten Been „Du" un ehr lütt Zick „Bist". So güngen Pastuur un Scheperjung dat ganze Vadderunser dörch, bit to'n Sluss denn uk noch för den footkranken griesen Buck de Noom „Amen" över weer. De Pastuur weer heel froh, dat em so'n kloog Stück glückt weer. Bi't Natellen kunn he faststellen, dat de leeg Bengel

Die Wassermühle Gut Holm an der Seeve.

all sien Tiern mit de Wöör von't Vadderunser hett röpen kunnt. He frei sik nu bannig, an'n tokamen Sünndag to wiesen, dat he doch mehr von't Kinnerlehrn verstahn dee as Köster un Schoolmester tosamen. He kunn ut de dummerhaftigsten Kinner noch wat rutkregen!

As dat Kunfermeern denn an'n Sünndag Palmarum in de Jesbörger Kark losgahn schull, güng de Pastuur noch mol gau op'n Scheperjungen to, de in sien best Sünndagsbüx in de Bank seet un verbaast üm sik keek. De Pastuur vermahn em, he schull man bloots an sien Schnucken dinken, wenn he em wat fragen dee. All de Schnucken op Vörsten Hoff optellen – dat dee för dat Pröven in de Kark woll langen. De Scheperjung schuul sien Pastuur von de Siet an, as wenn he meen: Man to, dat schall gahn!

De Pastuur güng gegen sien Gewohnheit ditmol nich op de Kanzel. He bleev jüst för de Kunfermanden, de in de eersten Bänk seten, stahn. As de Kunfermanden nu de Reeg na wat ut'n Katechismus un dat Karkenleederbook opseggen deen, harr de Pastuur dat fein trech kregen, dat bi dat Vadderunser de Scheperjung an de Reeg keem. Dat güng em sowiet uk ganz goot över de Tung un he beed 'n beten wat leirig rünner: „Vater unser, der du bist im ... geheiligt werde ..." „Himmel! Du hest Himmel vergeten", tuschel de Pastuur den Schäperjungen to. „Nee, Herr Pastuur", see de Schäperjung 'n beten drömelig, „Himmel nich! Himmel is doot! Himmel hebbt wi vörgüstern slacht un sien Fell hingt al op'n Bönn to'n Drögen!"

Der Schäferjunge aus Wörme

Es ist schon recht lange her, da sollte ein Schäferjunge vom Vörsten Hof in Wörme (79) konfirmiert werden, der recht dumm war. Zwar hatte sich der Jesteburger Küster in der Konfirmandenstunde viel Mühe mit ihm geben müssen, in den dicken Bummskopf war aber rein gar nichts hineinzubekommen. Das war bei der bevorstehenden Konfirmation von Übel und dies wollte der Jesteburger Pastor einfach nicht dulden.

So ging er dann selbst zu Fuß nach Wörme und suchte den Schäferjungen auf. Nachdem er ihn eine Weile ausgefragt hatte, stellte er fest, dass der Bengel nun so ganz dumm auch wiederum nicht war. Der Pastor

Ebelings alter Schafstall in Wörme.

merkte nämlich gleich, wie sehr der Junge an seiner Schnuckenherde hing und dass er alle Tiere genau kannte. Er wusste sie nach Farbe und Größe und all ihren besonderen Eigenarten auseinanderzuhalten. Der Pastor hatte beinahe den Eindruck, als spräche der Schäferjunge von seiner Familie. Da kam ihm ein glänzender Einfall, von dem allerdings weder seine Jesteburger Gemeinde noch gar der Superintendent in Hittfeld (80) etwas erfahren durften. „Was hältst du davon, wenn wir alle deine Schnucken mal taufen, so wie wir es in der Kirche mit den Kindern machen?", fragte der Pastor. „Na, ja, meinetwegen", antwortete der Junge und sah seinen Pastoren dabei etwas dummerhaftig an.

Nun erklärte der Pastor, wie sie die Taufe aller Herdentiere durchführen wollten. „Pass auf! Der Leithammel dort heißt ‚Vater', der mit dem pechschwarzen Kopf soll ‚Unser' heißen, der kleine freche Bock mit dem braunen Hinterteil ‚Der', die alte Zippe mit den weißen Beinen taufen wir ‚Du' und ihre kleine Zicke soll ‚Bist' sein." So gingen sie das ganze Vaterunser durch, bis zum Schluss für den alten fußlahmen Bock noch „Amen" übrig war. Der Pastor war schließlich stolz über seinen Geniestreich, denn bei der Überprüfung stellte er fest, dass der Bengel alle seine Tiere mit den Worten des Vaterunser benennen konnte. Nun

Eine Heidschnuckenherde.

würde der Pastor dem Küster und dem Lehrer und der ganzen Jesteburger Gemeinde beweisen können, dass er auch selbst den Dümmsten noch etwas beibringen könne.

Am Sonntag Palmarum, dem Konfirmationstag, ging der Pastor vor dem feierlichen Gottesdienst noch einmal auf den Schäferjungen zu und erkundigte sich noch einmal rasch nach dessen Schnucken. „Denke du man an deine Schnucken, wenn ich dich etwas frage", ermahnte der Pastor ihn und stieg gegen seine Gewohnheit in diesem Gottesdienst nicht auf die Kanzel hinauf. Er wollte ganz in der Nähe der Prüflinge sein. Als nun die Prüfung ihren Verlauf nahm, hatte es der Geistliche geschickt hinbekommen, dass beim Vaterunser der Wörmer Schäferjunge an die Reihe kam. Das Aufsagen ging ihm dann auch leidlich, wenn auch etwas leierhaft über die Zunge: „Vater, unser, der du bist im .... geheiligt werde", und weiter kam er dann nicht, weil der Pastor ihm zuraunte „Himmel, du hast Himmel vergessen!" Doch der Schäferjunge blieb ungerührt und antwortete bedächtig: „Nein, Herr Pastor! Himmel ist nicht mehr. Den haben wir vorgestern geschlachtet. Sein Fell hängt schon zum Trocknen auf dem Boden!"

20. Woans de Snee to sien Klöör kamen is

Weet ji egentlich, dat de Snee bi de Schöpfung toierst gor keen Klöör (22) afkregen harr? He weer nämlich dörchsichtig. Un dat he so dörchsichtig ween is, doröber weer de Snee trurig. So faselnaakt wull he nich ween. Nee, dat wull un wull he nich! So'n Utsehn, dat jedeen dörch een dörchkieken kunn – nee, dat müch he afsluuts nich lieden! He harr ok geern Klöör hatt, so as de Heven un de Sünn, as Bööm un Blomen. Alltohoop harrn se Farv, man bloots he nich, de Snee.

To hett de Snee sik op'n Weg na'n Heven maakt. As de Snee an de groote Himmelsdöör bi Petrus wegen sien Wünschen vörstellig worrn is, keem Petrus doröver in de Brass un hett sik öllich wat gnatterig geven. „Wi hebbt keen Tiet, dat wi uns mit so'n minnern Kraam afgeven doot", pulter he. „Wi hebbt överleidig veel to doon, op de Eerd allns goot intorichten. Üm dien Tüüch könnt wi uns nu nich uk noch scheren! Söök di annerswo Hölp!" Un dormit slöög he – batz! – dat groote Himmelsdoor mit'n Dunnerknall to.

Oha, dach de Snee, is mien Ansinnen denn so utverschamt, dat de groot Dörensluter glieks so vergrellt ween un mi so afkanzeln mutt? Dor leep de Snee mit sien Kummer na'n Regen un snack den an. Sien Fründ, de Regen, harr je uk keen Klöör afkregen. Man den Regen weer dat egol wat he 'n Farv harr oder nich. De Regen meen sogor, dat weer beter, dat he keen Farv harr. „Stell di vör, ik weer swatt", see de Regen to'n Snee, „wat sehg dat gresig ut op de Eerd. Allns weer pickendüster, wenn ik op de Eerd fall. Isst, Seev und Luh, de Elv un all de Beken in de Lümborger Heid un ümto weern denn uk swatt! Nee, beter is't, ik bün dörchsichtig un heff keen Klöör!" Un dormit maak de Regen sik op'n Weg na ünnen, de Wischen un Blomen in de Gegend von de Wümm in't grote Königsmoor mit 'n deegt Kann vull Water to begeten. „Aver bleek un elennig sühst du man doch ut, mit dien Dörsichtigkeit!", reep de Snee em liesen un lütt beten benaut (81) achterher.

„So'n buntklör Farv as de Blomen, de harrst du uk geern", snack he nu mit sik sülven. „Ik maak mi op'n Padd un fraag de Blomen, wat se mi nich hölpen wüllt. Wenn Petrus keen Tiet för mi hett, denn söök ik mi sülbst een, de mi wiederhölpen kann."

Renaturierung des Todtgrabens in der Oberen Wümmeniederung.

Op 'n Wisch in'n Wümmegrund, wo de Regen jüst allns natt maakt harr, fraag he de geel Botterbloom (82), wat se em nich 'n beten Farv afgeven wull. „Wat seggst du? Büst du mall? Ik bruuk mien Farv sülbst!", puust sik de Botterbloom öllich op. An'n Wischenweg na Otter stünn 'n groten Rosenbusch, över un över vull mit hellüchten rosa Blöten. „Roos, magst mi wat von dien Farv afgeven?", fraag de Snee ehr vörsichtig. „Iigiitt, wat büst du koolt! Scher di weg! Un mien Farv bruuk ik sülbst, anners kummt de Immen nich na mi her!", schanfuder (83) de Roos Gift un Gall achter'n Snee her. Uk de stolten geelen Blenkerblomen (84), de an't Ööver von de Wümm so düchdig bleihen deen, fraag he, nu al mit Verdreet (85). „Pöh! Un faat uns bloots nich mit dien koolen Hannen an! Hau af hier!", quarken de Blenkerblomen den armen Snee hochfahrig an. Se schuven ehr Köpp na de Sünn, de jüst wedder dörch de Wulken keek un scheern sik nich wieder üm em. Uk den roden Klever (86) un dat hevenblau Vergeetminich, de achtern Jilsbeek (87) ehr Tohuus harrn, klapper he af. Keeneen wull em hölpen un 'n beten Farv afgeven.

Dor weer de Snee deeptrurig un hett sik an 'n Otterbarg ünnern groten Eekboom daalsett. „Nu geiht mi dat as den Wind", meen de Snee. „De hett uk keen Farv! He suust üm de Ecken, toovt över de grooten Water un maracht (88) sik in'n Harvst meist halv doot, wieldat he de grooten Bööm hier op'n Barg ümsmieten will. Aver to sehn is he nich. Em kann een blots hören! Man dat gefallt mi nich!"

„Du sühst avers man sluurig (89) ut", seen miteens dree lütte Stimmen to em. Dat weern dat Sneeglöckchen, de Märzenbecher un de Christroos, de mit ehr witte Farv in de Sünn meist nich to seen weern. „Wat is mit di? Büst nich goot toweeg?", fragen de dree.

Dor vertell de Snee, wat em so trurig maakt hett un dat he meist keen Moot miehr harr, jüm nu uk noch to fragen. Sneeglöckchen, Märzenbecher un de Christroos aver harrn Erbarmen mit'n Snee un wullen em geern wat von jümehr witte Farv afgeven.

De Snee nehm de Hölp von de dree Blomen an'n Otterbarg an. Un so is he witt worrn. Man sien Arger över all de annern Blomen, de em so hochfahrig kamen weern, is bleven. De Snee lett jüm all winterdags affreeren. Bloots dat Sneeglöcken, de Märzenbecher un de Christroos – de dree lett he in Freden. De verfreert nich un dröfft uk in'n Winter bi Snee bleihn. Petrus hett sik dat, as he mol wedder 'n lütt beten Tiet harr, von sien Himmelsdöör ut ankeken. Dat schient, as wenn he inverstahn ween weer.

Wie der Schnee zu seiner Farbe gekommen ist

Ist euch eigentlich bekannt, dass der Schnee bei der Schöpfung zunächst gar keine Farbe abbekommen hatte? Er war durchsichtig und das fand der Schnee überhaupt nicht schön. Er wollte nicht so splitterfasernackt bleiben und bat daher Petrus um Farbe. Doch der war über solch Ansinnen aufgebracht und schnauzte den Schnee heftig an: „Was fällt dir ein! Wir haben unglaublich viel zu tun, auf der Erde alles gut einzurichten. Und du kommst mit solchen unwichtigen Forderungen. Such dir woanders Hilfe!" Mit lautem Donnerknall schlug er die große Himmelstür zu.

Au Backe, das hatte den Schnee aber doch sehr getroffen. Er lief in seinem Kummer zum Regen, mit dem er befreundet war. Aber der Regen wollte von Farbe nichts wissen. „Stell dir bitte vor, ich wäre schwarz! Wie sehe es doch schrecklich auf der Erde aus! Este, Seeve, Luhe, die Elbe und alle Heidebäche wären dann doch auch schwarz. Nein, es ist wirklich besser, ich bleibe durchsichtig und habe keine Farbe!" Und er machte sich auf den Weg nach unten in die Gegend des Königsmoores, um dort mit einer ordentlichen Kanne voll Wasser Wiesen und Blumen zu begießen. „Aber bleich und elend siehst du in deiner Durchsichtigkeit doch aus!", rief der Schnee ihm leise und etwas verlegen hinterher.

„Ach, so schöne bunte Farben wie die Blumen hätte ich gern. Wenn Petrus keine Zeit für mich hat, dann suche ich mir jetzt selbst Hilfe", sprach der Schnee zu sich selbst und fuhr hinab zum Wümmegrund, wo der Regen gerade alles nass gemacht hatte. Zuerst fragte er den gelben Löwenzahn, ob er nicht ein bisschen Farbe abgeben möchte. „Bist du verrückt? Ich benötige meine Farbe selbst!" Am Wiesenweg nach Otter stand ein großer Rosenbusch, über und über voll mit leuchtend hellen rosafarbenen Blüten. „Rose, magst du mir etwas von deiner Farbe abgeben?", fragte der Schnee vorsichtig. „Iigitt! Wie bist du kalt! Scher dich fort! Ich benötige meine Farbe, damit die Bienen mich besuchen!",

Blüten im Schnee.

schimpfte die Rose giftig und gallig dem Schnee hinterher. Auch als er die stolzen Hahnenfußgewächse schließlich schon ganz bekümmert fragte, erhielt er eine nörgelnde Abfuhr der hochnäsigen Gelben. „Bäh! Fass uns bloß nicht mit deinen kalten Händen an! Hau ab!" Den roten Klee und die himmelblauen Vergissmeinnicht, die jenseits des Jilsbaches zu Hause waren, besuchte er ebenfalls. Aber nicht eine Blume wollte ihm helfen. Tief betrübt hielt er Rast unter hohen Eichen am Otterberg. „Ach, nun ergeht es mir wie dem Wind", sinnierte der Schnee, „er hat auch keine Farbe. Zwar müht er sich im Herbst stets schrecklich ab, die größten Bäume hier auf dem Berg umzuwerfen, aber sehen kann man ihn doch nicht. Er ist nur zu hören, was mir aber überhaupt nicht gefällt."

„Du siehst aber furchtbar traurig aus", sprachen plötzlich drei feine Stimmen. Das Schneeglöckchen, der Märzenbecher und die Christrose waren in ihrem weißen Kleid in der hellen Sonne kaum zu erkennen. „Was ist mit dir los? Hast du Kummer?" Der Schnee ließ seinem Verdruss freien Lauf und beklagte, was er erlebt hatte. Die drei weißen Blumen hatten sofort Erbarmen mit dem Schnee und beschenkten ihn mit ihrer Farbe. So wurde der Schnee schließlich weiß. Seinen Zorn gegen die anderen Blumen hatte er aber nicht vergessen. Er ließ sie im Winter alle erfrieren. Nur das Schneeglöckchen, den Märzenbecher und die Christrose nahm er von seinem Zorn aus. Sie erfrieren nicht und dürfen auch im Schnee blühen.

Petrus hatte alles von der Himmelstür aus mit angesehen. Es scheint so, als sei er einverstanden gewesen.

III.

Wat achteran

Anhang

Anmerkungen

(1) Die „offizielle" Geschichte von Hase und Igel endet mit dem Tod des Hasen, wurde bei uns zu Hause jedoch immer ein wenig anders und m. E. kinderfreundlicher erzählt. Diese nicht so tragisch endende Variante wurde hier wiedergegeben. Die Geschichte „Was die Moisburger mit dem Litberg bei Sauensiek zu tun haben" entstammt einer Broschüre des Umweltamtes des Landkreises Stade aus dem Jahr 1999 und hatte dort einen Umfang von ca. 8-10 Schreibmaschinenzeilen. Ich habe die Idee aufgegriffen und daraus etwas Neues gemacht. Die Quellenangabe in der Landkreis-Broschüre lautete „Sagen aus dem Lande Niederelbe und Niederweser" von Hans Wohltmann, 1959. Die Idee zu der Geschichte „Wie der Schnee zu seiner Farbe gekommen ist" habe ich der Handreichung „Plattdüütsch in Kinnergoorn" eines Kindergartens in Friesoythe bei Oldenburg entnommen. Dieses privat hergestellte Manuskript habe ich im Rahmen einer Plattdeutsch-Tagung (Fortbildung für Lehrer) erworben. Als Quellenangabe ist lediglich „Autor unbekannt" angegeben.
(2) Ewer: Die Ewer an der Oberelbe waren deutlich kleiner als die Finkenwerder Ewer.
(3) Drehlöcher: Überall treten bei Strömung in der Elbe gefährliche Drehbewegungen des Wassers mit abwärtsgerichtetem Sog auf.
(4) Welle gehört seit dem Jahr 1959 zur Kirchengemeinde Handeloh. Ortsname wird auf „Quelle" zurückgeführt (Tödter, S. 61).
(5) Born: Die Bedeutung entspricht der von Soot=Brunnen, im Plural Borns bzw. Sööt. Gelegentlich wird auch der Begriff Spring verwendet, wobei damit ursprünglich die stark wasserführende Quelle bezeichnet war (Kück, Bd. 3, S. 239).

(6) Fischbek gehörte bis zur Eingemeindung nach Hamburg im Jahre 1937 zum Landkreis Harburg und war bis in das 20. Jahrhundert hinein Bestandteil des Kirchspiels Elstorf.

(7) Der Kauz war nach heidnischem Glauben der „Totenvogel", dessen Ruf als ein „Komm mit!" gedeutet wurde.

(8) Graugen: Plattdeutscher Ortsname für Grauen (Samtgemeinde Hollenstedt), das in historischen Quellen mit Growinge bezeichnet wird.

(9) Die Vilsenheide war eine von großen Findlingen geprägte Heidelandschaft zwischen Moisburg, Daensen, Grauen, Ardestorf und Immenbeck. Die Vilsenheide wurde in ihren letzten Teilen erst in den Zwanzigerjahren des 20. Jahrhunderts urbar gemacht.

(10) „Dat tweete Gesicht" bedeutet, dass jemand sonderbare Dinge hört und sieht und auch Unheil im Voraus ahnt.

(11) Oarntbeer ist ein weit verbreiteter Name für das Erntefest, das als Tanzvergnügen auf den Dörfern deftig gefeiert wurde. In kleineren Dörfern, ohne Gaststätten, fanden diese Feste auch reihum auf den Bauernhöfen statt.

(12) Der Delm ist die Landschaft auf der Stader Geest mit Apensen (plattdeutsch Opens) als Mittelpunkt.

(13) Köppen = Tasse, abgeleitet von mittelniederdeutsch Köppeke = kleine Schale (Kück, Bd. 2, S. 183).

(14) Stood = die Kreisstadt Stade, Sitz des Landratsamtes.

(15) Peterleum un Tappentien = Petroleum und Terpentien.

(16) Ziguurn = Zichorie. Die Wurzeln der Gemeinen Zichorie *cichorum intybus* wurden zur Herstellung von Ersatzkaffee genutzt.

(17) sik högen = sich amüsieren, freuen.

(18) Kück (Bd. 3, S. 74) leitet den Begriff Schosteen = Schornstein von mittelniederdeutsch *schore-steen* ab, wobei die Schore = Stütze ursprünglich der aus der Wand ragende Stein war, der den Rauchfang trug. Gemauerte und begehbare Schornsteine setzten sich ab Mitte des 19. Jahrhunderts aus Gründen des Brandschutzes mehr und mehr durch.

(19) en Duppelten (Kööm) = Glas Doppelkorn.

(20) Haake ist ein direkt am Geestrand gelegener, mit vorwiegend Laubwald bestandener Staatsforst und Teil der Schwarzen Berge,

die zur saalezeitlichen Endmoräne der Harburger Berge gehören.

(21) Oarntbeer (siehe Anm. 9). Faßlam, auch Fastlavend, ist der Abend vor Beginn des Fastens (Kück, Bd. 1, S. 442). Die Feier mit Tanz wurde am Sonntag vor Aschermittwoch durchgeführt. Anschließend fand am Montag ein Umzug mit vermummten Gestalten statt. Es wurden Gaben eingesammelt, die anschließend verzehrt wurden. Noch heute gibt es nicht nur im Landkreis Harburg mehrere Dörfer, in denen die Fastnachtsbräuche lebendig sind. „Fastnachtsmudder un Fastnachtsvadder" stellen ihr Haus zur Verfügung bzw. organisieren eine zünftige Feier für die Dorfjugend.

(22) Klöör = Farbe, von frz. coleur = Farbe.

(23) Die Haake gehörte seit altersher zu den herzoglich-harburgischen Forsten.

(24) Bökenwrie'n = Buchengebüsch. Wriet = Busch.

(25) Boomhacker = Specht, auch Holthacker oder Boombicker genannt.

(26) Der „Kössenbidder" bat zur „Hochzeitskost". Er lud Verwandte und Nachbarn, in der Regel (fast) das ganze Dorf, zur Feier ein. Dabei wurde traditionell ein umfangreiches Gedicht aufgesagt.

(27) Der „Großknecht" war – im modernen Sinne – der Vorarbeiter auf dem Bauernhof. Er vertrat den Bauern in nahezu allen Angelegenheiten, die Feldwirtschaft, Vieh und Stallungen betrafen. So war er auch dem „Lüttknecht" und den Mägden gegenüber weisungsbefugt.

(28) Blangendöör = kleine Seitentür des Niedersachsenhauses.

(29) Das Flett ist jener Teil der Bauernhauses, der das Ende der großen Diele mit dem Herdfeuer bildet.

(30) Butze = schrankartiger Schlafplatz im Bereich des Fletts.

(31) Lüttheid ist der Flurname eines schmalen Heidesaumes am Übergang der Geest in das Urstromtal der Elbe zwischen Eilendorf und Immenbeck (beide Ortschaften gehören heute zur Stadt Buxtehude). In Eilendorf wurde die „Lüttheid" auch als „Immenbecker Heide" bezeichnet.

(32) Klooster, auch: Op'n Klooster. Buxtehudes südlicher Ortsteil Altkloster war schon im Mittelalter ein bekannter Marktort. Den „Schafmarktplatz" gibt es noch heute.

(33) Bregenklöterich, Bregen oder Brägen = Gehirn. Das Wort kommt vom Angelsächsischen braegen = engl. Brain: Gehirn. „Klöterich" kommt von klingeln oder auch wackeln. (Kück, Bd. 1, S. 216). Freie Übersetzung: Büst du bregenklöterich? = Wackelt dein Gehirn?

(34) verklookfideln = erklären (umgangssprachlich).

(35) Föör = Ackerfurche, Pl. Fören, auch Feuren.

(36) brüden = necken. Der Begriff stammt aus Schleswig-Holstein und Mecklenburg.

(37) birsen = wie toll rennen, von mhd. bisen = dahinstürmen (Kück, Bd. 1, S. 159).

(38) duun = betrunken, Ableitung duunass = betrunken sein, duun un dick = völlig betrunken. Prelle = ehemaliger Name eines Gasthauses in Eilendorfermoor.

(39) Der Höllenberg (101 m ü. NN) liegt knapp 800 Meter Luftlinie östlich des bekannten Brunsberges unweit der Buchholzer Ortschaft Seppensen.

(40) Zitert nach Bellmann, S. 53 ff.

(41) Zitiert nach Brinckmann, Werke 2, S. 113 ff. Das Einbeziehen und die Verweise auf die beiden plattdeutschen Autoren, die in ihren Jahrhunderten (Brinckmann 1814–1870, Bellmann 1930–2006) zu den bedeutendsten plattdeutschen Literaten zählten, erfolgte hier gezielt. Einerseits soll das Werk der beiden hervorragenden Plattdeutschen gewürdigt werden. Andererseits soll durch diesen Einbezug verdeutlicht werden, dass auch in mündlich überlieferten Sagen und Märchen sowohl Gott als auch der Teufel oftmals allegorisch in Menschengestalt auftraten.

(42) „Er rollte mit den Augen, prustete und schnaubte wie eine Kröte im Schnabel des Storchs." Für die Kröte = Üüzpogg gibt es im Plattdeutschen weitere zahlreiche, landschaftlich unterschiedlich entstandene Ausdrücke wie Krööt, Üüz, Puuspogg, Padde, Quadux u. a.

(43) Sik rüppeln un rögen = sich rühren und regen (Alliteration).

(44) Die Este war bis zur Kreis- und Gebietsreform von 1972 in ihrem Verlauf zwischen Moisburg und Buxtehude jahrhundertelang territoriale, später dann Bezirks- bzw. Kreisgrenze zwischen den Landkreisen Harburg und Stade.

(45) Lex wiesen = eine Lektion erteilen.

(46) klabastern = laut gehen, geräuschvoll stürmen (Kück, Bd. 2, S 121).

(47) Hexenberg in Moisburg ist eine ehemalige Flurbezeichnung und bezeichnet heute eine Straße in der Ortschaft.

(48) Butze – siehe Anmerkung 27.

(49) Schandfudern = schändliche Beschimpfung.

(50) Lit = Liet/Lieth, ein steiles (bewaldetes?) Gelände (Kück, Bd. 2, S. 310).

(51) Der englische Kirchenhistoriker Beda Venerabilis (673–735) erklärt die Herkunft des Wortes Ostern mit einer Göttin „Eostrae", die demnach dem Monat April (althochdeutsch ostarmanot) den Namen gegeben haben soll. Jacob Grimm, der ältere der Grimmschen Brüder, führte durch philosophische Vergleiche den Namen Ostara auf eine germanische Frühlingsgöttin zurück. Die moderne Fachwissenschaft steht dieser Deutung sehr kritisch und durchweg ablehnend gegenüber. Quelle: Internet-Recherche auf Wikipedia.

(52) Kück gibt in Bd. 3, S. 513 unter dem Stichwort Unnel = Undeloh einen Hinweis auf hungerich = hungrig bzw. hungerleidend, unfruchtbar. Im Kreis Winsen wurde sprichwörtlich gesagt: „Unnel is ok man 'n hungerich Dörp" (Kück, Bd. 1, S. 777).

(53) Sousdörp = Soderstorf liegt südlich Evendorf im Kreis Lüneburg (SG Amelinghausen). Die Gemeinde Soderstorf gehörte bis 1972 zum Landkreis Harburg.

(54) Isst = Este. In manchen Dörfern wird der Fluss auch Eest oder Est ausgesprochen.

(55) Klövensteen ist ein Hamburger Forstrevier im westlichsten Stadtteil Rissen. Klöven = spalten, Klövenstee = gespaltene Steine.

(56) Briet = roher, gewaltsamer, ungehobelter Bursche. Der Begriff entstammt wahrscheinlich dem französischen brute = unkultivierter, flegelhafter Mensch (Kämpfert, S. 152).

(57) Der Otterberg am Rande der Gemeinde Otter im oberen Wümmetal ist mit 100 Metern ü.N.N. der höchste Berg der Samtgemeinde Tostedt.

(58) Wie der Wilseder Berg entstanden ist, Marquardt, Bd. 2., S. 66 (siehe Literaturübersicht). Das Dorf Schülern liegt zwischen Schneverdingen und Neuenkirchen im Kreis Soltau-Fallingbostel.

(59) Neu Wulmstorf wird in der plattdeutschen Sprache immer noch mit Vosshuusen bezeichnet. Bis zum Bau der Eisenbahnlinie Harburg–Cuxhaven zum Ende des 19. Jahrhunderts lag der Vossbarg in etwa dort, wo heute die Straße nach Elstorf von der Bundesstraße 73 abzweigt. Der Vossbarg wurde vollständig abgetragen für den Bau der Eisenbahnstrecke. In der Nähe des Vossbargs, der zur Feldmark des Bauerndorfes Wulmstorf gehörte, standen die ersten Häuser des sich daraus später entwickelnden Neu Wulmstorf. Wegen der Lage am Vossbarg nannte man die kleinen Katen Vosshusen.

(60) Rockeloor = knöchellanger Herrenmantel, benannt nach dem Herzog von Roquelaure (Kämpfert, S. 324).

(61) Hunden, Eichholz, Oldershausen und Marschacht gehören zur Samtgemeinde Elbmarsch im Landkreis Harburg.

(62) Winniler und Wendelen: Nach der Ursprungssage der Langobarden gelten die Winniler – bei aller wissenschaftlichen Vorsicht – als ältester Kern des Langobardenvolkes. Von den Wendelen gibt es offenkundig keine Zeugnisse (Lexikon des Mittelalters, Bd. 5, S. 1691).

(63) Frigga, auch Frigg, Freia oder Frija, war in der germanischen Mythologie die Frau des obersten Gottes Wodan (= Odin).

(64) Pannonien war eine römische Provinz, die zwischen den Ostalpen, der Donau und der Save lag und sowohl von fruchtbaren Ackerlandschaften als auch steppenartigen Graslandschaften (Pußta) geprägt war.

(65) Bardowick – plattdeutsch Bewick – ist eine Gemeinde vor den Toren Lüneburgs. Der Bardengau (Teile des Gaues bildeten den Altkreis Winsen) und der Gau Mosidi (Landkreis Harburg in den Grenzen vor 1932) dürfen historisch betrachtet als Vorgän-

ger des Landkreises Harburg gelten (Marquardt, Wilhelm: Vom Mosidi- und Bardengau zum Landkreis Harburg).
(66) Handbuch der deutschen Geschichte, Bd. 1 § 190b, S. 501.
(67) Durch die Fantasie der Geschichtenerzähler wurden aus plattdeutsch „deepe Kuhlen" dann „Diebeskuhlen".
(68) Li(e)k = gleich, lieke Andeele = gleiche Anteile, d. h., Beuteteilung zu gleichen Anteilen.
(69) Simon von Utrecht war ein belgischer Käsehändler und selbst Geschädigter der Seeräuberei.
(70) Mit Beginn des 15. Jahrhunderts setzten sich mehr und mehr die dreimastigen Koggen (Holk, auch Hulk) durch, die sich besonders gut als Lastenschiffe eigneten.
(71) Ökelnaam = Spitzname.
(72) Blee = Blei.
(73) Störtebekers Name („Stürz den Becher") wird auf dessen gewaltiges Trinkvermögen zurückgeführt.
(74) Viktualien = Lebensmittel.
(75) Tötensen und Tostedt liegen an der B75, die einst Napoleon als Heerstraße bauen ließ.
(76) Grusen un Gresen = heftiges Grauen.
(77) Der Hausschlachter band das geschlachtete und von Innereien befreite Schwein zum Trocknen und späteren besseren Verarbeiten auf eine Leiter, die schräg an eine Wand gestellt wurde.
(78) Das Krummholz diente den Schlachtern üblicherweise als Aufhängung der geschlachteten Tiere an der Leiter.
(79) Der Name „Vörsten" muss sicherlich von „dem Ersten" abgeleitet werden. Von den beiden Höfen in Wörme ist „Vörsten-Hoff" im Gegensatz zu „Ebelings" der Hof, auf den man zuerst trifft, wenn man von Jesteburg bzw. Thelstorf kommt.
(80) Die geistliche Aufsicht über die Kirchengemeinden des Kirchenkreises Hittfeld hat der dort ansässige Superintendent. Die räumliche Ausdehnung des Kirchenkreis Hittfeld ist nahezu identisch mit dem ehemaligen Kreis Harburg bis zu dessen Zusammenschluss mit dem ehemaligen Kreis Winsen im Jahre 1932 zum heutigen Landkreis Harburg.
(81) benaut = bedrückt, verlegen.

(82) Botterbloom = Löwenzahn, im Volksmund auch Pusteblume genannt.
(83) schanfudern = laut und heftig schimpfen.
(84) Blenkerbloom = Hahnenfuß.
(85) Verdreet = Kummer.
(86) Klever = Klee.
(87) Der Jilsbach ist der Zufluss der Wümme im Bereich des NSG Obere Wümme in der Samtgemeinde Tostedt.
(88) marachen = schwer arbeiten. Das Wort wird abgeleitet von althochdeutsch marah bzw. angelssächsisch mearh für Mähre, Gaul. Marachen = wie ein Pferd schwer arbeiten. Vergleichen lässt sich diese Wortschöpfung mit „sich abeseln" (Kück, Bd. 2, S. 356).
(89) sluurig = trübe gestimmt, unlustig (Kück, Bd. 3, S. 149).

Literaturübersicht

BELLMANN, JOHANN DIEDRICH: *Uns Herrgott sien Daglöhner.* In: Heimatverein Buxtehude Haus Fischerstraße 3 e. V.: Uns Herrgott sien Daglöhner un anner Vertellen, Buxtehude 2006, S. 53.

BELLMANN, JOHANN DIEDRICH: *Plattdüütsch – een trüchbleven Spraak.* Essay, ohne weitere Angaben.

BRINCKMANN, JOHN: *Uns Herrgott auf Reisen.* In: Werke Bd. 2, 5. Aufl., Rostock 1990, S. 113.

DE PLATTDÜÜTSCHEN: *Verein zur Förderung der plattdeutschen Sprache im Landkreis Stade.* Hier: Plattdeutsche Ortsnamen im Landkreis Stade.

FÖR PLATT E. V.: *Karte des Landkreises Harburg mit plattdeutschen Ortsnamen.* Winsen 2006.

GEBHARDT, BRUON: *Handbuch der Deutschen Geschichte.* Hrsg. von Herbert Grundmann, Stuttgart 1955, Band 1, §190b, S. 501.

HARTE, GÜNTER UND HARTE, JOHANNA: *Hochdeutsch-Plattdeutsches Wörterbuch.* 3. Aufl., Bremen 1997.

KÄMPFERT, PETER: *Französisch im Küstenplatt. Ein sprachgeschichtliches Wörterbuch aus dem Land Hadeln.* Im Selbstverlag, Neuhaus/Oste, 1997.

KÜCK, EDUARD: *Lüneburger Wörterbuch.* Neumünster 1942, Bd. 1–3.
Lexikon des Mittelalters. Stuttgart 1980, Band 5.
MARQUARDT, WILHELM: *Sagen, Märchen und Geschichten des Kreises Harburg.* Bd. 1 und 2, Buchholz 1961 und 1963.
DERS.: *Vom Mosidi- und Bardengau zum Landkreis Harburg.* Winsen/Luhe 1961.
MARQUARDT, WILHELM UND MARQUARDT, WALTER: *Sagen, Määrkens un Vertellen ut den Kreis Horborg un ümto.* Erfurt 2008.
SASS, JOHANNES: *Der neue Sass. Plattdeutsches Wörterbuch,* 4. Auflage, Neumünster 2007.
TÖDTER, HELMUT: *Kampen, Welle und Todtshorn.* Heimatbuch des südlichen Todt, Heidenau 2005.

Bildnachweis

Sämtliche Fotos wurden vom Autor im Laufe der Jahre 2008 und 2009 (einschließlich Juni 2009) erstellt.

Register der genannten Dörfer und Städte

In Klammern sind die Nummern der Geschichten bezeichnet, in denen der Ortsname vorkommt.

Altkloster (8)
Altona (11)
Alvesen (6)
Apensen (5)
Appelbüttel (18)
Ardestorf (4)
Bardowick (16)
Beckdorf (5, 11)
Beckedorf (6)
Blankenese (11, 13, 17)
Buchholz (9)

Buxtehude (5, 8, 13)
Bötersheim (9)
Celle (4)
Cranz (13)
Daerstorf (14)
Eichholz (15)
Eilendorf (4, 8)
Einem (13)
Eißendorf (6)
Ehestorf (6, 18)
Elstorf (4)

Finkenwerder (17)
Fischbek (4, 14)
Fliegenberg (2)
Grauen (4)
Hamburg (12, 17)
Harburg (6, 14, 17)
Hausbruch (6)
Heimbuch (13)
Hittfeld (1, 19)
Hörsten (1)
Hollenstedt (4, 13)
Hunden (15)
Immenbeck (8)
Inzmühlen (13)
Jesteburg (19)
Kammerbusch (11)
Kamperlien (3)
Ketzendorf (4)
Kirchwerder (2)
Knick (3)
Königsmoor (20)
Lüneburg (9, 12)
Lürade (18)
Marmstorf (6)
Marschacht (15)
Moisburg (4, 11)
Neugraben (17)
Neu Wulmstorf (14)

Oldershausen (15)
Övelgönne (17)
Otter (20)
Over (1)
Revenahe (11)
Rissen (13)
Rosengarten (17)
Sauensiek (11)
Schleswig (13)
Schülern (13)
Seppensen (9)
Sinstorf (6, 18)
Soderstorf (13)
Soltau (13)
Stade (5)
Stelle (2, 7)
Tötensen (18)
Tostedt (3, 18)
Undeloh (12)
Vahrendorf (18)
Wehlen (13)
Welle (3)
Wesel (12)
Wörme 19)
Wulmstorf (14)
Wümmegrund 20)
Zeven (11)

Bitte beachten Sie auch die folgenden Buchhinweise.

Bücher aus Harburg und Umgebung

Sagen, Määrkens un Vertellen ut den Kreis **Horburg** un ümto
Sagen, Märchen und Anekdoten aus dem Kreis **Harburg** uns seinem Umfeld

Wilhelm und Walter Marquardt

978-3-86680-345-9 | 12,90 €

Soltau im Bild
1945 bis 1966

Heimatbund Soltau

978-3-86680-357-2 | 17,90 €

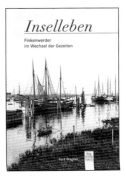

Inselleben
Finkenwerder im Wechsel der Gezeiten

Kurt Wagner

978-3-86680-543-9 | 18,90 €

erscheint voraussichtlich
im November 2009